Das Kehlsteinhaus

Von A… bis

Das Kehlsteinhaus im Jahr 1942.

Vorwort

Eva Braun, die Geliebte Hitlers seit dem Jahr 1932, – wenige Stunden vor dem gemeinsam vollzogenen Freitod heirateten die beiden – fotografierte das Kehlsteinhaus im Winter 1940, also im ersten Kriegswinter. Bei genauerem Hinsehen erkennt man wenige Fußspuren im Schnee. Sie führten aus dem damals meist gottverlassenen Felsenschloß zu jenem Standpunkt, wo der Fotoauslöser betätigt worden war. Eva Braun mit einem oder auch zwei Begleitern, die durch den meterhohen Schnee gewatet waren. Diese Aufnahme muß bei günstigen Wetterbedingungen entstanden sein, weil das Kehlsteinhaus sonst in der dunklen Jahreszeit meist unbegehbar ist. Wenn dieselbe Aufnahme heute, also in den 90er Jahren entstehen würde, sie sähe zum Verwechseln ähnlich aus. Das Kehlsteinhaus hat sich seit über 50 Jahren nicht verändert, wenn man davon absieht, daß inzwischen eine Terrasse bergseitig dazu kam, oder davon, daß die heutige Inneneinrichtung auf den Besuch von erlebnishungrigen Touristen und nicht auf den von Staatsgästen ausgerichtet ist.

Soweit es dem Autor dieser Zeilen bekannt ist, gibt es in Deutschland sonst kein Bauwerk dieser Zeit und Art, das die Erschütterungen des Umbruchs so unbeschadet überstanden hat.

Kehlsteinhaus- bis zum Untergang Hitlers hatten die Deutschen dieses Wort nie gehört, von wenigen Ausnahmen einmal abgesehen. Auf Befehl Hitlers wurde der Name seines Bergschlosses in der deutschen Presse unterschlagen, so als wäre der Kehlsteingipfel nach wie vor unbebaut. Zwar durfte der damals weltberühmte britische Journalist Ward Price anläßlich der Eröffnung des Kehlsteinhauses im September 1938 der Weltpresse berichten, die Deutschen besäßen nunmehr auf dem Kehlstein ein achtes Weltwunder, ein Schloß in 1837 m Höhe über dem Meeresspiegel, aber gleichzeitig verfügte Hitler, daß in der deutschen Presse keine Berichte darüber erscheinen durften. Noch nicht einmal Zitate aus den Ward Price Artikeln waren erlaubt. Propagandaminister Josef Goebbels sorgte dafür, daß dieser "Führerbefehl" befolgt wurde.

Natürlich sickerte trotzdem einiges durch. Aber das war so wenig, daß dessen Nachrichtenwert nicht wog. Warum diese Heimlichtuerei? Warum sollte das deutsche

Volk nichts von den Ereignissen auf dem Kehlstein erfahren? Das Kehlsteinhaus war eine Ausgeburt Hitlerscher Machtallüren, entfernt vergleichbar mit denen früherer Barock- oder Pseudobarockfürsten. Hitler mußte fürchten, seinem Ruf als Volkskanzler zu schaden, wenn die Öffentlichkeit erführe, welche Unsummen auf den Kehlstein gesetzt worden waren; einer Laune nachgebend oder einer fixen Idee. Sinn und Zweck dieser Unternehmung wurde niemals definiert. Für Hitler war das Kehlsteinhaus weder als Residenz noch als Verwaltungsbau geeignet; noch nicht einmal für Zwecke der Repräsentation, von wenigen Versuchen, hier oben Staatsempfänge zu veranstalten, abgesehen.
Die schwer zugängliche Lage im Hochgebirge erschwerte, ja verbot praktische Nutzung; außer Lustschloß Hitlers? Er hatte diese Lust nie richtig genossen. Neigung zu Höhenkrankheit, Schwindelgefühle, Migräneanfälle zwangen ihn, auf dem wohnlicheren Berghof zu verharren. So blieb das Kehlsteinhaus zu Hitlers Lebzeiten unbekannt, ungenutzt und für die Deutschen nicht vorhanden.
In der Literatur wird immer wieder berichtet, Bormann habe den Bau des Kehlsteinhauses seinem Führer gegen dessen Willen aufgenötigt. "Herrgott vom Obersalzberg" wurde er auch spöttisch genannt, weil angeblich keine Stecknadel dort zu Boden fallen konnte, ohne daß Bormann zuvor Erlaubnis erteilt hätte. Nein, dieser sklavisch gehorsame Diener seines "geliebten Führers" tat, was ihm sein Herr und Meister befahl. So war es auch in diesem Falle. Befehlsgemäß übernahm er für dieses Abenteuer in den Felsen des Göllmassivs nach außen die Verantwortung, damit Hitler die Rolle des Volkskanzlers glaubhaft spielen konnte. Welchen Preis Hitler für diesen Rollentausch an Bormann zahlte, hierüber gibt es begründete Überlegungen. Das Buch "Geheimnis Kehlstein" (Plenk Verlag, 1993) nimmt dazu Stellung. Nach dem Kriege wurde das Kehlsteinhaus aus seinem Versteck der Geheimnistuerei entlassen. Was sich nun den Augen der staunenden Deutschen darbietet, kann sich sehen lassen. Bormann hatte die besten Künstler, Architekten und Straßenbauingenieure bemüht. Die Leistungen der hier eingesetzten Handwerker und Arbeiter werden heute noch zu recht bewundert. Das Kehlsteinhaus-eine Stätte der Begegnung von Menschen verschiedener Sprachen, Hautfarben und Kulturen; auch eine Stätte der Besinnung. Das Haus hat seine Aufgabe gefunden.

Blick von Bischofswiesen auf den bewaldeten Höhenrücken des Kehlsteingebietes. Ein guter Überblick über das ehemalige Sperrgebiet Bormanns. Auf dessen Spitze (Pfeil) das Kehlsteinhaus. Rechts dahinter das Göllmassiv.

Die Lage des Kehlsteinhauses

Der Kehlstein steigt südlich des Obersalzberges als schartiger Felsengrat bis zu einer Höhe von über 1800 m über dem Meeresspiegel dem Göllmassiv entgegen und ist über die weiter ansteigenden Mannlköpfe mit jenem verbunden, sozusagen als seiner kräftigen Nordwestschulter. Er liegt ein gutes Stück über der Baumgrenze, so daß sich von hier oben bei gutem Wetter fast sämtliche Ländereien der früheren Fürstpropstei Berchtesgaden den Blicken des Beschauers darbieten. Gebirgsstöcke wie gewaltige Felsmauern umstellen ihn; der sagenumwobene Untersberg im Norden, im Westen der Watzmann mit seiner Frau und sieben Kindern. Dessen Höhe, 2714 m und seine gewaltigen Felsformationen haben immer wieder die Phantasie der Menschen erregt und den Wunsch, ihn, den König des Berchtesgadener Landes zu erklettern, zu bezwingen, gezündet. Reiteralpe und Lattengebirge fügen den felsenen Ring im Nordwesten zusammen. Im Süden jedoch die Mutter des Kehlsteingrates, der Hohe Göll. Mit seinen 2529 m überragt dieser Felsenriese alle anderen Berge, die sich zwischen Königssee und Salzach mit ihm messen könnten.

Der Kehlsteingrat. Vom Haus nach hinten führt der Rundweg bis zum Mannlgrat. Nach vorne der Fußweg zum Busparkplatz, diesen überquerend weiter zum Ofnerboden.

Hoher Göll (2522 m)
Schneibstein
Mannlgrat
Kehlsteihaus
Hohes Brett (2340 m)
Jenner (1874 m)
Kehlsteinstraße
Scharitzkehl
Jenner
Mittelstation
Königssee
Kühroint

Untersberg
Norden
Kneifelspitze
Kehlsteinhaus
Fahrstraße

Links: Blick vom Watzmann Hocheck (2651 m) auf die gesamte Breite des Göllmassivs. Es erhebt sich südlich von Berchtesgaden über die Salzwand, Kehlsteinhaus, Mannlgrat bis zum Gipfel (2522 m). Das ihm vorgelagerte Hohe Brett (2340 m) muß diesem gewaltigen Gebirgsstock zugerechnet werden. In der Salzwand ist die Linienführung der Kehlsteinstraße mit der Scharitzkehlkehre schwach erkennbar.

Das heutige Kehlsteinhaus im Frühwinter.

Hitler und Bormann, die beiden Unzertrennlichen.

Adolf Hitler, eine jener geschönten Aufnahmen, mit denen Hitlers Leibfotograf Heinrich Hoffmann den "Volkskanzler" Hitler glaubhaft machen wollte.

Luftbildaufnahme des Kehlsteinhauses; heutiger Zustand. Verglaste Kolonnaden, Fernsehumsetzer.

Das Haus mit dem Hohen Göll.

Bau der Kehlsteinstraße

Eine überlieferte Notiz Martin Bormanns vom 3.11.1936 lautet: Besprechung mit Dr. Todt- dem Erbauer der deutschen Autobahnen - wegen Baus der Kehlsteinstraße. Zu dieser Zeit war Bormann längst seines Zeichens Reichsleiter der NSDAP und seiner Machtfülle gemäß die rechte Hand Hitlers. Da Bormann Befehle seines Führers, selbst wenn es nur zufällig hingeworfene Bemerkungen waren, sofort, meistens noch am selben Tag, zu befolgen pflegte, darf mit einiger Sicherheit angenommen werden, daß Hitler Anfang November 1936 Bormann gegenüber den Wunsch geäußert haben muß, den Kehlstein mit einem Haus oder Schloß zu krönen, dessen Sinn und Zweck er allerdings Zeit seines Lebens nie genau formulierte. Oft wurde es nach seiner Fertigstellung fälschlich Teehaus genannt. Einem solchen Zweck diente es nie, wurde auch im engeren Kreis um Hitler nicht so genannt.

Führerworte waren für Bormann wie Goldkörner, die er sofort in gängige Währung umzumünzen pflegte. Ein Haus auf dem Kehlstein in unzugänglicher Bergwildnis. Eine wahnwitzige Idee. Bormann stürzte sich darauf, wie ein Geier auf Beute. Wer Hitlers Wünsche erfüllt, der gewinnt sein Vertrauen. Wer es aber unternimmt, auch Hitlers unmögliche Wünsche zu erfüllen, der kann sich des blinden Vertrauens seines Führers gewiß sein. Bormann holte sich mit Sicherheit noch in derselben Nacht Architektenrat ein und mußte erkennen, daß der Bau eines schloßartigen Gebäudes auf einer Felsenscharte nur möglich ist, wenn das Kunststück gelingt, auch schwer beladene Lastkraftwagen dorthin fahren zu lassen. Unmögliches möglich machen! Bormann hatte es eilig. Mit Datum vom 18.11.1936 steht in Bormanns Tagebuch: "Grenzbegehung zum Kehlstein."

Anfang des Jahres 1937 jagte nun eine Grenzbegehung Bormanns am Kehlstein die nächste, meist in Begleitung berühmter Fachleute: Dr. Todt, Erbauer der deutschen Autobahnen, Prof. Fick, Architekt, Prof. Knauer, Dr. Cassagrande u. a. So am 9.4., 14.4., 19.5., 29.5., 7.6. und 11.6.1937 (an diesem Tag mit Vermessungsleuten, denn Bormann kümmerte sich um jeden Zentimeter der Trassierung), 27.6., 1.7., 12.7 und 22.8.1937. Wenn Bormann Kehlsteintag hatte, mußte Hitler ohne seinen Schatten regieren, ohne jenen Mann, der ihn den ganzen Tag und am liebsten auch noch in der Nacht umdienerte. Wenn der fehlte, gab es Gründe, die Hitler kannte und billigte.

An dieser Stelle sollte die Frage der Urheberschaft des Kehlsteinplanes noch einmal kritisch beleuchtet werden. Es ist richtig, daß die ausführenden Ingenieure des Projektes Kehlstein ihre Weisungen ausschließlich durch Bormann entgegennahmen. Zu denen zählte auch der damalige Generalinspekteur für das deutsche Straßenwesen Dr. Ing. Todt. Es erscheint auch als glaubhaft, daß ihnen gegenüber im November 1936

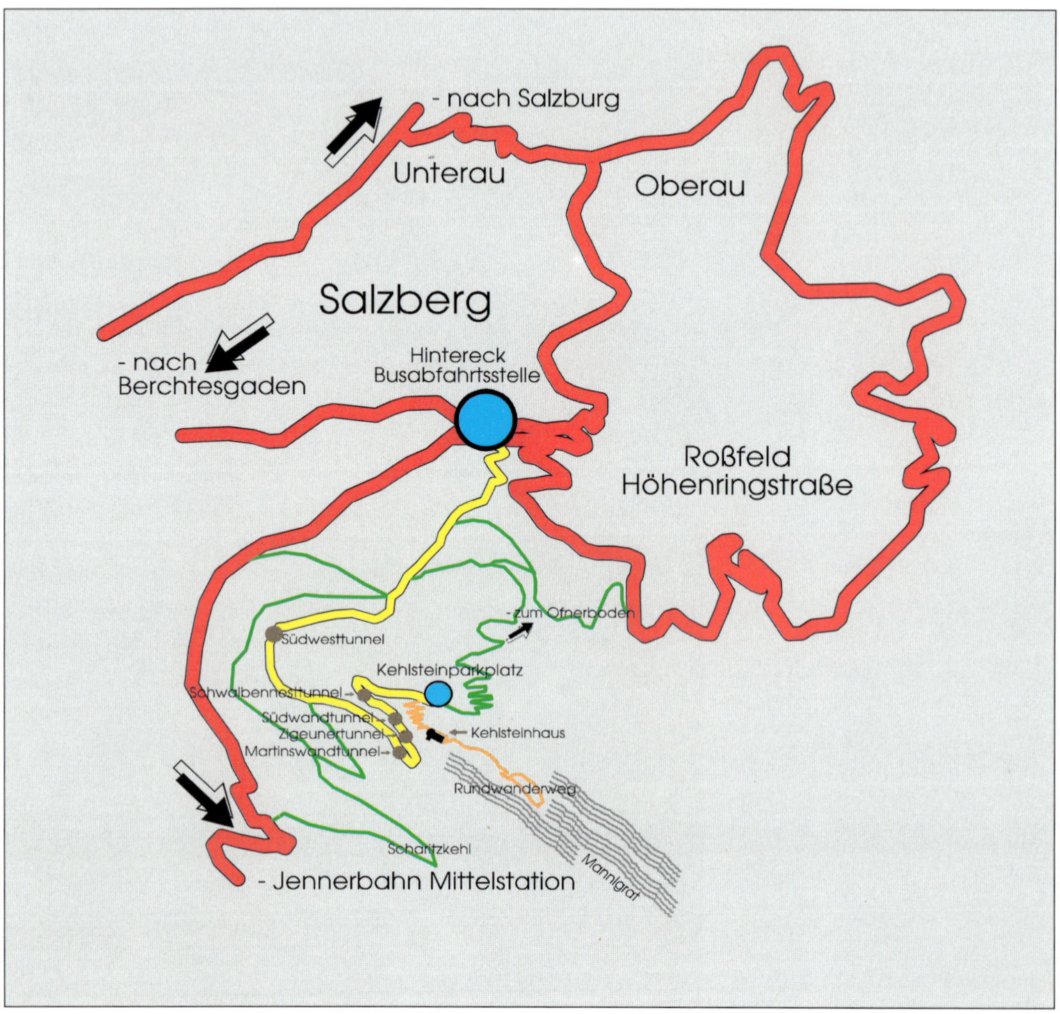

Das ganze Netz der Hilfsstraßen zur Kehlsteinstraße. So wurde sehr bald ein Ringverkehr der Transporte ermöglicht.

zunächst nur von einem geplanten Rundweg "Kehlstein" gesprochen wurde, den eigentlichen Plan Kehlsteinhaus aus Gründen der Geheimhaltung verschweigend (siehe F.M. Beierl: "Geschichte des Kehlsteins", Verlag Plenk 1994). Aber zumindest Dr. Todt, wenn er nicht von vorneherein in den Gesamtplan eingeweiht worden war, hätte sich seine Gedanken gemacht. Rundweg Kehlstein? Ein riesiges Bauprojekt. Wozu? Nur für den Spaziergänger Hitler und seinen wenigen Begleitern? Zumindest Bormann hatte ab November 1936 die Verwirklichung des Gesamtprojektes im Sinn: Bau eines Traumhauses auf dem Kehlstein. Nur er? Hitler wußte nichts davon? F.M. Beierl breitet in seinem Buch eine Fülle von Details zu diesem Thema aus, die bisher unbekannt waren. Allerdings bringt auch er einen Gedanken, der unausrottbar immer wieder von Vorgängerautoren übernommen wird. Da heißt es "... entschloß sich Bormann, auf dem Gipfel des Kehlsteins ein zweites Teehaus zu errichten."

Es gibt keine Beweise, daß Bormann diese Entscheidung fällte, aber genügend viele dafür, daß Hitler in seinem Umkreis niemand duldete, der seinem Willen nicht gehorchte. Wenn Bormann spöttisch "Herrgott vom Obersalzberg" tituliert wurde, so heißt das doch nur, daß er seinem Herren als Sprachrohr diente. Ein Aquarell, das Hitler von der großen Gesellschaftshalle des Kehlsteinhauses malte, gibt zu diesem Thema Anschauungsunterricht. Handelt es sich um eine Entwurfskizze Hitlers, die vor dem Baubeginn entstand? Dafür spricht das unsignierte Bild. Hat er es später gemalt? Wann?

Die einzige Brücke der Kehlsteinstraße während ihrer Bauzeit.

Ingenieure bei einer Ortsbesichtigung.

An Ort und Stelle wohl kaum. Dann hätte er Stunden daran sitzen müssen. Hitlers wenige Besuche dort oben dauerten meist kürzer. Also nach einem Foto? Es gibt hierüber keine Erkenntnisse. Wie dem auch sei, das Bild beschäftigte den Staatsmann Hitler mehr, als er offiziell zugeben mochte. Die letzten bekannten Aquarellbilder Hitlers gibt es aus dessen Münchner Zeit (bis 1923). Nun plötzlich ein im Jahre 1937/38 gemaltes? Diese Tatsache enthüllt, wie prallvoll seine Phantasie mit dem Objekt gefüllt war. Bormann entschloß sich? Nein - Bormann erfüllte einen der drängendsten Wünsche des Diktators: Das Kehlsteinhaus! Wenn Bormann Kehlsteintag hatte, wurde nicht nur vermessen und geplant. Schriftlich festgehaltenes wurde an Ort und Stelle verwirklicht. "Antreiben", notierte er am 1. Juli 1937 in sein Notizbuch. Im Sommer 1937 hackten, minierten, sägten, bohrten, schaufelten, schwitzten und froren über 2000 Bauarbeiter am Berg. Das war nur ein halbes Jahr später, nachdem die Idee "Kehlstein" in Hitlers Phantasie entsprungen war. Die Bauarbeiten an der Kehlsteinstraße waren längst in Gang. Von deren Intensität berichtet wieder Bormanns Tagebuch. Am 22.8.1937 rutschte der Berg oberhalb der Rabenwand ab. Sie liegt ziemlich genau in der Mitte des Streckenabschnittes. Fünf Todesopfer waren zu beklagen. Steilhänge reagieren empfindlich auf Veränderungen der Gewichte. Felssprengungen oder auch Bohrungen bewirken sie. Es spricht für die Sorgfalt der Mineure, daß es nicht öfters zu derartigen Zwischenfällen kam.

Die Kehlsteinstraße darf getrost als ein Wunderwerk der Straßenbaukunst bezeichnet werden, was der Planung und Leitung durch Dr. Todt zugerechnet werden muß. Da wäre zunächst zu erwähnen, daß die Fahrbahn durch eine besondere Auskofferung mit Steinen frostfrei und druckfest gestaltet wurde, so daß es auch bei Niedrigtemperaturen und unter höchsten Belastungen zu keinen nennenswerten Setzungen kommt. Auf einer Gesamtstrecke von 6,39 km mußte eine Steigung von über 700 m überwunden werden. Die Trasse beginnt am Hintereck, etwa 300 m oberhalb des Berghofes. Sie erklimmt den Berg zunächst in südwestlicher Richtung mit durchschnittlich 12% Steigung. In sanften Windungen umfährt sie den Klingeckkopf, der südlich des Berghofes den Blick zum Kehlstein verstellt. Bis zum Kilometer 5 bricht die Straße nirgends zu jähen Kurven aus, nie kommt es zu Steilstrecken, die bei Nässe oder plötzlichem Schnee- und Kälteeinbruch dem Fahrzeug zum Verhängnis werden könnten. Auch im Hochsommer kann es dort oben solche Überraschungen geben. In einem weit ausholenden Bogen, ohne je kurvig zu werden, umfährt sie erstmals den unteren Ausläufer des Kehlsteingrates und erreicht mit einer vorübergehend größeren Steigung kurz vor der Martinswand bei Kilometer 5 eine Höhe von 1600 m. Zwei Tunnels haben diese Linienführung ermöglicht. Der lange

Tunnelbau für die Kehlsteinstraße unter winterlichen Bedingungen.

Rechts oben: Das Arbeitslager Ligeret, über der Scharitzkehlalm gelegen.

Mitte: Bergstation der Materialseilbahn auf dem Kehlstein.

Unten: Die Stollenbaukompanie Obersalzberg, stationiert im Lager "Dürreck", vor Ort.

Hochlenzertunnel durchbricht den unteren Kehlsteingrat in etwa 1350 m Höhe und der 27 m lange Martinswandtunnel durchbohrt einen Felsblock, der sich kurz vor der sogenannten "Scharitzkehlkurve" in den Weg legt. Letztere kann man die straßenbauliche Pointe der Kehlsteinstraße nennen. Eine Spitzkehre in 1600 m Höhe hart am Abgrund, der etwa 500 m tief in das Niveau der Scharitzkehlalm stürzt, dreht die Fahrtrichtung um nahezu 360 Grad nach Nordwest, um nun an der Südflanke des Kehlsteins entlang fast kurvenfrei mit nur 50 m Steigung einen weiteren Kilometer dem Ziele näher zu kommen. Danach wendet sie sich mit einer 3/4 Kurve nach Osten, um in einer Höhe von 1710 m auf den Kehlsteinparkplatz einzumünden.

Das Kehlsteinhaus wurde auf dem schmalen Grat jenes Berges erbaut, nach dem es benannt wurde. Vom Parkplatz aus gesehen noch einmal ein Höhenunterschied von 124 m. Diese Reststrecke als Straße zu überwinden, hätte nicht nur bedeutet, daß alle bisher anerkannten Maßstäbe alpiner Straßenbaukunst außer Kraft zu setzen waren. Eine solche Lösung hätte auch dem Profil und der Tektonik des Kehlsteinmassivs bleibenden Schaden zugefügt. Dr. Todt setzte sich deshalb mit seinem Vorschlag durch, wonach die restlichen 124 m Höhenunterschied durch einen Fahrstuhl überwunden werden sollten. Hierzu gibt es noch eine Vorgeschichte, wie ein früherer Bauführer berichtet, der nicht mit Namen genannt werden will. Ursprünglich wurde daran gedacht, schon an der Scharitzkehlkurve also in knapp 1600 m Höhe in den Stein zu gehen. Das hätte bedeutet, daß der von hier aus zu bauende Fahrstuhl anstatt 124 m Höhe ca. 100 m mehr zu überwinden gehabt hätte. Der Zugangsstollen wäre um über 100 m länger gewesen. Man versuchte von der benannten Haarnadelkurve aus tatsächlich einen Vortrieb in Richtung Kehlsteingipfel, mußte aber schon nach 30 m aufhören, weil brüchige Hornblende ein Weiterkommen unmöglich machte.

Am Morgen des 23. August 1937 gab Bormann das Zeichen zum Baubeginn. Das sollte aber nicht heißen, daß es am Berg nicht schon lange vorher gehämmert und gedröhnt hätte. Nun aber steckte er selbst die Streckenpflöcke unterhalb des Kehlsteins am sogenannten Landlerwald in den Erd- bzw. Felsenboden. Man ging nicht etappenweise vor; erst Kehlsteinstraße, dann Fahrstuhl und schließlich das Kehlsteinhaus. Nein, alle diese Projekte mußten gleichzeitig ausgeführt werden. Mit einem Mal, eben um den August 1937, krabbelten Arbeiter wie Ameisen auf den Felsen oberhalb des Berghofes herum und mit ihnen wuchsen überall Baustellen. Es hämmerte, klopfte und knirschte am Hintereck, am Klingeck, an der Rabenwand, am Hochlenzer, über der Ofneralm und auf dem Kehlsteingipfel. Eine Materialseilbahn wurde in Windeseile gespannt. Sie führte in zwei Etappen nach oben. Von Unterau, nahe der Berchtesgadener Ache nach Hintereck, also zum Obersalzberg. Von dort ging es zum Gipfel. Baumaterial und Baugerät schwebten durch die Luft zur wichtigsten Baustelle. Aber das ge-

nügte bei weitem nicht. Eine Hilfsstraße, die sogenannte Ligeretstraße, strebte von der Scharitzkehlalm nach oben. Sie erreichte die Kehlsteinstraße etwas oberhalb des Hochlenzertunnels. Unterwegs versorgte sie noch eine große Barackensiedlung (Ligeretalm) für Arbeiter,

Halbfertiger Tunnel beim Königsseeblick. Die Rampe noch nicht abgeschlossen. Außerdem fehlt noch das Tor. Sperrgebiet, auch die fünf Tunnels der Kehlsteinstraße.

Materialtransporte auf Loren. Wenn deren Spurbreite zunächst einmal erreicht war, kam die Bewegung der Baugüter in Fluß.

Handwerker und Ingenieure. So wurde der Straßenbau an verschiedenen Punkten zugleich angepackt: Am Hintereck nach oben, an der Ligeretstraße nach oben und unten, nahe der oberen Kehlalm, dem späteren Parkplatz nach unten. Von letzterem Punkt aus begannen die Mineure auch ihre Arbeit am Zugangsstollen zum Fahrstuhl. Zu diesem Brennpunkt der Bauarbeiten schlängelte sich in atemberaubend engen Kurven eine weitere Hilfsstraße aus dem Urschenloch kommend nach oben. Ihre schnelle Fertigstellung ließ es zu einem Kreisverkehr der Materialtransporte kommen.

Allerdings mußte hierzu erst der Durchbruch von fünf Tunnels geschafft werden. Der Hochlenzertunnel als längster, etwa auf halber Strecke, der kurze Martinswandtunnel vor der großen Spitzkurve und dann noch drei weitere kleine Tunnels vor dem Einbiegen zum Parkplatz. Schon auf provisorisch freigelegter Streckenführung ermöglichten Lorenfahrzeuge Materialtransporte.

Mindestens 3500 Mann, Hilfsarbeiter, Arbeiter, Trägerkolonnen, Handwerker und Ingenieure werkelten Tag für Tag und bei günstiger Witterung auch nachts (mit Scheinwerferbeleuchtung) am Fuß, auf dem Buckel, am Grat und auf dem Gipfel des Kehlsteins. Eines der größten Arbeiterlager mit Barackenunterkünften befand sich nahe der oberen Kehlalm oberhalb vom heutigen Parkplatz Kehlstein. Es hatte etwa 1000 Bewohner, die im oberen Drittel der Kehlsteinstraße , beim Tunnelvortrieb für den Aufzug und vom Gipfel aus an dessen Bohrung von oben nach unten arbeiteten. Vor allem waren es aber die Bauarbeiter für das Kehlsteinhaus selbst. Sie arbeiteten im Sommer oft bei glühender Hitze, denn im Hochgebirge auf nacktem Fels hat die Sonneneinstrahlung vielfache Wirkung. Ebenso arbeiteten sie in allen vier Jahreszeiten auch bei Regen und Schnee, bei beißender Kälte und dröhnendem Sturm. In diesen Höhen mußte ständig mit dramatischem Wetterwechsel gerechnet werden, mit lebensbedrohende Schneestürmen, Blitz und Donner.
Es waren auch Tote zu beklagen. Ein Mann stürzte mit dem LKW in den Abgrund, fünf Arbeiter kamen bei einem Erdrutsch ums Leben. Nur eine Auslese bester Fachleute und verläßlicher Charaktere konnte dieser Aufgabe gerecht werden. Eiserne Gesundheit war eine weitere Voraussetzung für diesen Einsatz am Berg. Die Bezahlung erfolgte weit über dem damals üblichen Entlohnungsdurchschnitt. Trennungsentschädigung, Strapazenzulage, Dreckzulage, Höhen- und Tiefenzulage (Arbeiten im Aufzugstollen- oder Schacht) und Gefahrenzulage wurden bewilligt. So fanden sich am Zahltag Beträge in der Lohntüte, von denen ein Arbeitnehmer nur träumen konnte. Hitler wußte sehr wohl, daß ihm Mißstimmung unter den Kehlsteinarbeitern geschadet hätte. Deshalb ordnete er auch an, daß die Arbeiter nicht zur Mehrleistung oder zur Eile angetrieben werden dürften. Die Gefahren des Hochgebirges seien ohnehin groß genug. Bormann, der es sogar in seinem überlieferten Notizbuch festgehalten hat, kannte nur einen Leitspruch: "Antreiben, antreiben." Er befolgte zwar den Wunsch Hitlers, hielt sich aber dafür an die Unternehmer, Architekten und Poliere. Seine Zornesausbrüche überschütteten sie ebenso häufig wie verletzend. Speer schreibt in seinen "Erinnerungen" hierzu:

"Von Natur aus subaltern, behandelte er seine Untergebenen, als hätte er es mit Kühen und Ochsen zu tun; er war Landwirt." Die Bauarbeiten am Kehlstein boten soviele materielle Vorteile, daß sie gern übernommen wurden. Es sind nur wenige Fälle bekannt, wo Arbeiter das Weite suchten, als sie merkten, auf was sie sich da eingelassen hatten. Zu Hause werden sie kaum das Lied vom "Volkskanzler" gesungen haben.

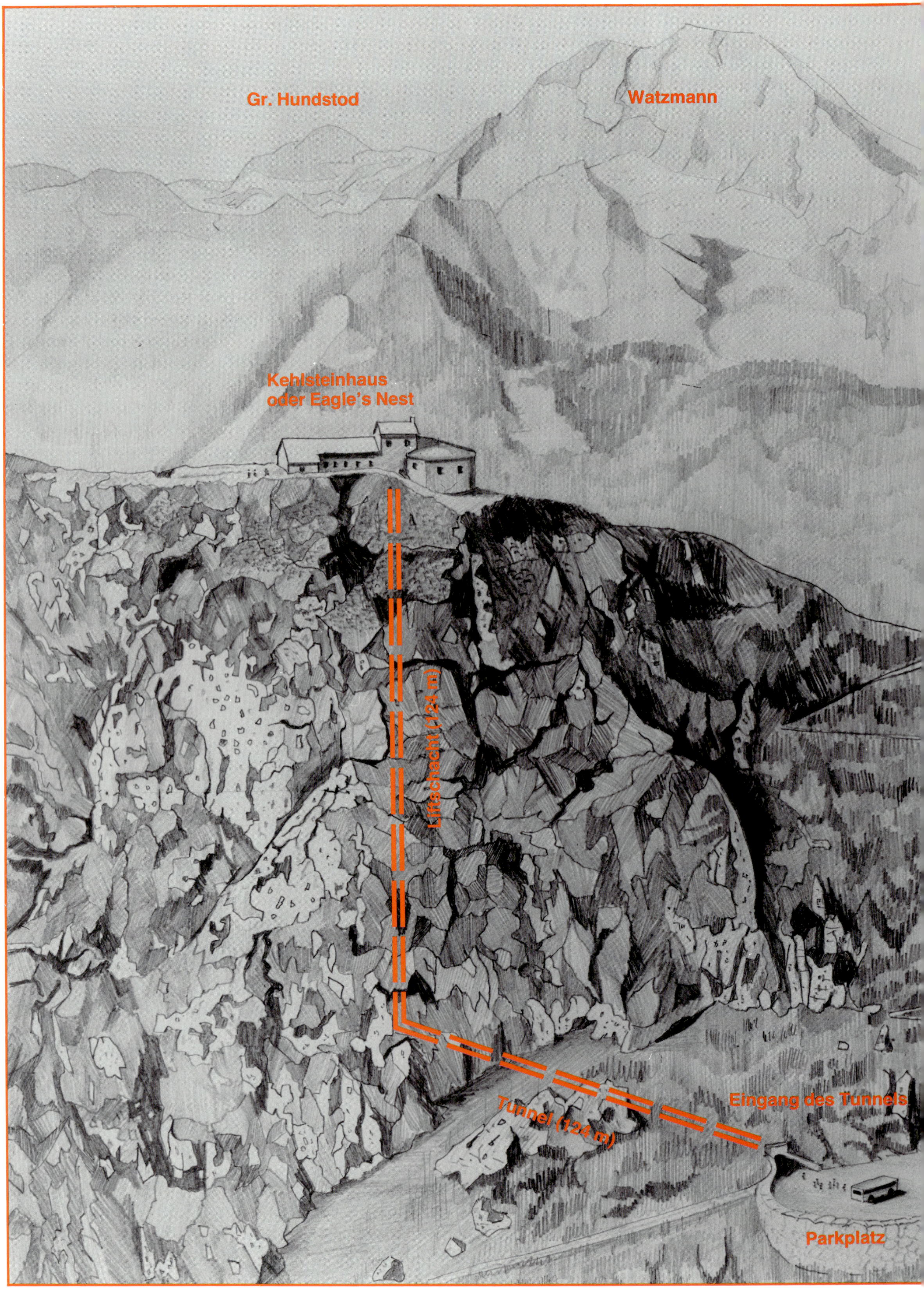
Gr. Hundstod
Watzmann
Kehlsteinhaus
oder Eagle's Nest
Liftschacht (124 m)
Tunnel (124 m)
Eingang des Tunnels
Parkplatz

Die Kehlsteinstraße entstand in einer Bauzeit von dreizehn Monaten. Fünf Tunnels mit einer Gesamtlänge von 282 m mußten gebohrt, zahllose Stützmauern berg- und talseitig gebaut werden, um Sicherheit gegen Bergrutsche zu gewährleisten. Solche Verbauungen wurden überwiegend von italienischen Steinmetzen durchgeführt. Sie verwendeten Felsgestein, das an Ort und Stelle gebrochen und in die benötigte Form gebracht wurde. Es paßte in die Landschaft und mußte nicht in aufwendigen Transporten herangekarrt werden. Im übrigen galten die Grundsätze Dr. Todts: So wenig Technik, so viel Natur wie möglich. Nach diesem Grundsatz wurde auch die einzige Brücke der Straße nahe dem Hintereck gebaut. Eine Bogenbrükke, mit 12% in der Steigung liegend, die in sich auch noch eine Schräge aufweist, bestehend aus Stahlbeton. Jeder Steinquader der Natursteinverkleidung mußte auf dem Reißbrett entworfen und vom Steinmetz danach gearbeitet werden.
Im alpinen Straßenbau gibt es nur wenige Beispiele, die der Kehlsteinstraße an Kühnheit der Planung und der Qualität der Ausführung gleichkommen.
Sechs Fernsprechsäulen wurden in etwa gleichen Abständen der Straße eingebaut. Hitler sollte, auch wenn er vom oder zum Kehlsteinhaus unterwegs war, telefonisch stets erreichbar bleiben.
Schon im August 1938, also etwas mehr als ein Jahr nach dem Baubeginn war es soweit. Die massiv geschotterte Fahrbahn konnte geteert werden. Kurz vorher waren noch die Holzbeplankung an den betonierten, gespitzten und teilweise mit Naturstein verblendeten Pfeilern angeschraubt worden. Sie vermitteln auch dem schwindelkranken Benutzer ein Gefühl der Sicherheit, wenn er an Abgründen mit Ausblick vorbeifährt. Hitler war ein solcher.

Zeichnung der Südseite des Kehlsteins. Rot gestrichelt die ungefähre Linienführung des Zugangstunnels zum Personenlift sowie die des Liftschachtes.

Nordansicht des Kehlsteinhauses kurz nach Fertigstellung.

Hilfsstraße zum Ofner Boden. Serpentinen überwinden den Steilhang, machen ihn für Lastkraftwagen befahrbar.

Das ehemalige Teehaus am Mooslahnerkopf. Mit ihm wurde das Kehlsteinhaus manchmal verwechselt.

Die Scharitzkehlkurve mit Bussen der RVO 1995.

Der letzte Aufschwung zum Parkplatz. Die Straße Mitte April bereits gefräste und schon stark ausgeapert.

Der Personenlift

Bormanns Tagebuch vermerkte am 7. Juni 1937: "Mit Prof. Fick und Dr. Todt zum Kehlstein." Ihr Weg dorthin folgte einem Fußpfad, der von Dalsen über Urschenloch aufwärts führte, dort, wo Hermann Göring oft genug in sein bevorzugtes Jagdrevier gestapft war.
Während dieses Ganges kam Dr. Todt im Angesicht des näherrückenden Kehlsteingipfels der Gedanke, das letzte Stück Steilstrecke bis zum Grat nicht mittels Autostraße sondern durch einen Personenlift zu überwinden: Schonung des Gipfels, dessen natürliche Schönheit nicht durch Planierraupen geschunden werden dürfe, wie auch die Erleichterung der Auffahrt. So Dr. Todt. Bormann leuchtete das ein, zumal auch sicherheitstechnische Vorteile für eine solche Lösung sprachen. Ein Aufzug, der mitten im Haus endet, bietet zusätzlichen Schutz gegen unerwünschte Besucher. Mit Sicherheit wurde auch Hitlers Zustimmung eingeholt. Er ließ sich über den Fortgang der Arbeiten oberhalb seines Berghofes laufend unterrichten, von Bormann selbstverständlich und nur von ihm.
Nachdem, wie schon erwähnt, der Versuch gescheitert war, schon an der Scharitzkehlkurve in den Berg zu gehen,- wieviel Straßenbau wäre der Bergwelt erspart geblieben, wenn diese erste Bohrung Erfolg gehabt hätte - trieben die Mineure vom heutigen Parkplatz Kehlstein aus ihren Stollen in den Fels. Gleichzeitig wurde auch die Vertikalbohrung vom Standort des bereits im Bau befindlichen Kehlsteinhauses aus in Angriff genommen.
Die Vertikalbohrung konnte nur von oben nach unten erfolgen, weil es ohne Sprengungen kein Vorwärtskommen geben konnte, die beim Vorgehen von unten nach oben zu Verschüttungen führen mußten. Die Schachtwand wurde sofort nach deren Freilegung mit Segmenten aus Stahlbeton befestigt.
Der Horizontalvortrieb erreichte eine Gesamtlänge von 128 m, nachdem er wenige Meter neben dem Endpunkt des Senkrechtschachtes angelangt war. Diese Beschreibung vermittelt nur einen schwachen Eindruck davon, was bis zum Erreichen dieses Zieles an Erd- und Gesteinsmasse losgebrochen, gesprengt und dann abtransportiert werden mußte; über die Hilfsstraße Dalsen-Urschenloch auf LKW, auf Loren über die halbfertige Kehlsteinstraße, aber auch abgekippt über die sogenannte "Hochtief-Kippe."
Letzteres eine ebenso unglaubliche wie auch unverzeihliche Fehlleistung der Verantwortlichen. Der Aus-

Oben: Blick vom Parkplatz Kehlsteinhaus zum Bronzetor, dem Zugang zum Tunnel und damit zum Personenlift.

Unten: Der 124 m lange Tunnel, Verkleidung mit Untersberger Marmor. Parallel zu diesem liegt ein Versorgungsschacht zur Heranführung von Strom, Wasser und Warmluft.

bruch des Aufzugschachtes wurde wohl aus Gründen drängender Termine, zum größten Teil über die Südwand des Kehlsteins abgekippt, teilweise auf gefrorenen Boden. Jeder Gebirgswanderer weiß, was es bedeutet, wenn Steinschlag oder Geröllrutsche in Steilwänden drohen. Da helfen auch keine noch so massiven Holzverbauungen. Es kam zu schweren Schäden in diesem Bauabschnitt der Kehlsteinstraße. Deren Behebung kostete wesentlich mehr Arbeitsstunden, als ein Abtransport des Ausbruchs mit der Seilbahn.
Berechnung und Leitung der Untertagebauarbeiten lag in den Händen der Gebrüder Reck aus Bozen, weltweit anerkannte Fachleute auf diesem Gebiet.
Der Zugangsstollen wurde, hinter den Mineuren herarbeitend, mit Untersberger Marmor ausgekleidet. Vom Endpunkt des Zugangsstollens zur Talstation des Personenliftes wölbte sich, diesmal in Ruhpoldinger Marmor, ein Vorraum. Seine Höhe und kunstvoll gefügte Rundung sollte den Besucher wohl vor dem Erreichen des Kehlsteinhauses feierlich einstimmen. Eine weitere Überraschung für die Augen: Es öffnet sich die gold(messing)- und kristallglänzende Liftkabine. Smaragdgrüne Ledersessel, venezianische Wandspiegel. Das Kronjuwel funkelt schon, bevor sein Besucher es erblickt.
Übrigens, Hitler hatte jedesmal mit Angstgefühlen zu kämpfen, wenn er die Liftkabine betrat. Seine Furcht war, wie er wußte, unbegründet. Die Technik dieses Gerätes arbeitet bis heute zuverlässig. Für ihn war es eine Engstelle, die zum Attentat herausfordert. Der Antrieb des Personenliftes im Dachgeschoß des Kehlsteinhauses eingebaut, der sogenannten "Windenstube", bewegt sich lautlos und sicher. Wie der Name es sagt, sitzt hier der Motor und die dazugehörige Drahtseilwinde. Zusätzlich war Personal dorthin abkommandiert, um die Kabine im Notfall mit Muskelkraft emporzuheben. Die Windenstube überragt das Dach des Kehlsteinhauses und könnte vom Blitz getroffen werden, meinte Hitler. Deswegen vertraute er sein Leben nur selten dem Lift an. Mit Sicherheit gab es noch andere Gründe: Schwindelgefühle, Höhenkrankheit und Neigung zu Migräne. Blitzschutzmaßnahmen, die das Kehlsteinhaus bis heute umgeben, sorgen dafür, daß die Feuer des Himmels sicher in den Berg geleitet werden.
Ursprünglich hing am Boden des Personenliftes noch eine weitere Kabine, eine Art Parterrestock. In ihr wurde der Nachschub für die Bewirtschaftung des Hauses befördert. Wenn Hitler nach oben schwebte, saß dieser mit seinen Gästen auf Ledersesseln und einen Stock tiefer fuhr die dazugehörige Wachmannschaft mit. Oben angekommen, stieg die Herrschaft im Vestibül des Hauses aus, während für die Wachmannschaft ein gesonderter Ausgang im Keller vorgesehen war.
Heute noch befindet sich, vom Einstieg aus gesehen, am vorderen linken Eck ein Messinghaken. In Notsituationen könnten die Gäste sich hieran abseilen. Die Materialkabine wurde aus Energiespargründen nach dem Kriege entfernt. Der Fahrstuhl bietet heute 53 Personen Platz. Es existiert zusätzlich ein "Halimag Rettungsaufzug", der drei Personen Platz bietet. Erreichbar durch eine Tür in der Kabine, mit eigenem Antrieb. Er mußte bis heute noch nie in Anspruch genommen werden.
Die Technik des Personenlifts zum Kehlstein arbeitet nach wie vor lautlos und sicher. Ohne Wasser und Strom aber wäre sie nutzlos. Strom für den Personenlift und beides für das Kehlsteinhaus. Etwa 40 m neben dem Eingang zum Zugangsstollen befindet sich eine kleine Bronzetür. Sie verwahrt eine Felskaverne,

Die kreisrunde und hoch gewölbte Vorhalle zum Kabinenlifteingang und ein Blick in diese selbst.

Der Motor in der Felsenkaverne.

die einen Stromgenerator beherbergt. Ein MAN-Unterseebootmotor leistet bei 600 Umdrehungen pro Minute 300 PS.
Zur Versorgung des Kehlsteinhauses mit Wasser installierte man ein kleines Wunderwerk. In der 700 m tiefer gelegenen Scharitzkehlalm wurden Quellwässer zusammengeführt und durch eine Druckleitung hochgepumpt. In der bereits erwähnten Felskaverne sitzt eine Druckwasserpumpanlage. Sie steuert die Wasserversorgung des Kehlsteinhauses elektronisch. Alle Versorgungsleitungen, auch die Heißluft, werden durch einen eigenen Versorgungsstollen dem Kehlsteinhaus zugeführt. Er wurde parallel zum Zugangsstollen und Liftschacht verlegt. Damit wurde erreicht, daß vom Eingangstor am Parkplatz bis unters Dach des Kehlsteinhauses Strom, Wasser und Wärme verfügbar sind. Ist diese damals hochmoderne Technik heute nach über 50 Jahren veraltet? Weit gefehlt! Sie erfüllt auch heute noch höchste Ansprüche.
Einen kleinen Schabernack spielte der Berggeist dem in sein Kehlsteinhaus unglücklich verliebten Hitler dennoch. Der Tunnelgang (Zugangsstollen) endet in einer Sackgasse. Wenige Meter vorher zweigt der Zugang zur Vorhalle ab, dem Eingang zur Liftkabine. In deren Ende fügten die Steinmetze den Marmor so merkwürdig zusammen, daß der Eindruck entstand, die Darstellung eines Hakenkreuzes sei beabsichtigt gewesen. Es kann auch ein Spiel des Zufalls sein, daß sich dunklere Steine von helleren in solcher Formation voneinander abhoben.
Wollten die italienischen Steinmetze, mit deren Hände es zustande gekommen war, Spott zum Ausdruck bringen oder gar Kritik? Wir wissen es nicht. Hitler geriet jedenfalls in Zorn, als er das Ding an der Wand sah, die Verspottung seines Parteisymbols. Er ordnete an, das anrüchige Mauerwerk hinter einer Bronzetür verschwinden zu lassen, ein wertvolles Stück Metall, das nach Kriegsende seine Liebhaber fand. Die kaum aus ideologischen Gründen offengelegten Steine des Anstoßes reizten erneut zur Kritik. Kurzerhand mauerte man sie zu. So entstand hinter jenem Mäuerchen für den Wirt des Kehlsteinhauses ein willkommenes Leergutlager.

Linke Seite oben: Die originalen Türgriffe des Tunnelportals in Form von Löwen.

Das Kehlsteinhaus kann auch im Notfall mit Strom versorgt werden. Ein MAN-Unterseebootmotor aus dem Jahre 1940 vermag bei nur 600 Umdrehungen 300 PS pro Minute zu leisten. Dieser Motor ist in einem Stollen untergebracht, der sich rechts neben dem Zugangsstollen zum Personenlift befindet. Das Bild links zeigt den Stolleneingang. Darüber ist eine lose zusammengefügte Steinpyramide zu erkennen, die den Motorauspuff tarnen soll.

Der Versorgungsschacht. Er verläuft parallel zum Tunnel und enthält die Führung der Heizungs- und Stromleitungen.

Das Kehlsteinhaus

Am 15. September 1938 besuchte der britische Premierminister Chamberlain Hitler auf dem Berghof. Ein Tag, der über das Schicksal der Deutschen, insbesondere der Sudetendeutschen entschied; aber auch über jenes der Welt. Denn hier und an diesem Tag begann, wenn auch zunächst nur mit diplomatischen Kanonen, der zweite Weltkrieg. Am 16. September 1938, also einen Tag später, machten Hitler und Bormann sich auf, das noch nicht eingeweihte, aber fertiggestellte Kehlsteinhaus zu besichtigen. Während um Böhmen gerungen wurde, ging in Hitlers Hirn bereits die Genugtuung über das Kronjuwel um, über die Erfüllung seines Traumes: Kehlstein.

Ja, es sieht fast so aus, als wäre es ihm sehr gelegen gekommen, daß der hohe Gast so schnell an die Themse entschwunden war. Denn wenige Stunden nach dessen Verabschiedung brummte sein schwerer Mercedes auf 6,5 km Hochgebirgsstraße, ergriffen diensteifrige Begleitmänner die von Prof. Breker geschaffenen Löwen, die Türgriffe zur bronzenen Tür des Kehlsteinhauses, glitt der messing- und kristallglänzende Personenlift nach oben, Bormanns devoter Blick beifallheischend auf seinen Führer gerichtet. In 1837 m über dem Meeresspiegel betrat Hitler jenes Haus, auf dessen Fertigstellung er sehnlichst gewartet hatte.

Am 9. April 1937 hatte Bormann in seinem Tagebuch hingekritzelt: "Fahrt zum Obersalzberg; Kehlsteinbegehung." Spätestens zu diesem Zeitpunkt war es soweit, daß Handwerker mit ihrer Arbeit auf dem Kehlsteingipfel beginnen konnten. Gleichzeitig wurde ein ganzer Berg lebendig. Straßen, Hilfsstraßen, Wege und Pfade für Lastenträger, Kabelverlegungen, die Errichtung von Materialseilbahnen aus dem Tal der Berchtesgadener Ache hinauf zum Gipfel, Untertunnelungen, Überbrückungen, Stollenbau, Schachtbau. Nicht viel weniger als 1000 ha Land, Wald und Fels, Alm und Hochalm wurden in ein Netz von Technik eingespannt, einzig zu dem Zweck, das Kehlsteinhaus zu errichten und dann zu unterhalten.

Allerdings, sorgsam wurde dabei mit der Bergwelt umgegangen, Bäume und Grasnarbe geschont, wo das möglich war, den Tieren ihre freie Wildbahn belassen und wenn die Technik das erlaubte, die Kunstbauten der Natur angepaßt. Darin waren die Erbauer des Kehlsteinhauses Meister. Denn es sollte die Wirklichkeit übertreffen wie ein Traum, erhaben wie die Welt des Hochgebirges und wiederum einladend schön, das Schloß auf dem Gipfel.

Prof. Roderich Fick aus München wurde beauftragt, es zu erstellen. Einen vergleichbaren Architektenauftrag

Eva Braun fährt mit ihrer Schwester Gretl zum Kehlsteinhaus. Konvoi mit drei Fahrzeugen und entsprechendem Begleitpersonal.

dürfte es bis dahin kaum gegeben haben. Deshalb gab es keine Vorbilder, nach denen er sich richten konnte, keine Erfahrungswerte, die zu beachten waren. Die Höhenlage, Enge des Baugrundes, seine abgründige Umgebung, die unberechenbaren Witterungsbedingungen im Hochgebirge. Hier oben mußte ständig mit Überraschungen gerechnet werden.
Prof. Fick wählte als Baugrund die vorderste Nase des Kehlsteingrates. Dieser Ausläufer des zum Göllmassiv gehörenden Mannlgrates ist schmal und felsig. Um genügend Platz für eine gehörige Breite des Hauses zu gewinnen, mußte die knapp vorhandene Horizontale bis nahe zum Felsrand genutzt werden. Die zu errichtenden Hauswände standen, vor allem nach Norden und Süden auf einem Grund, der mit Neigungen bis zu 45% selbst schon einer Wand ähnelte und nach wenigen Metern weiter in schwindelerregenden Abgrund einmündete. Die Bauarbeiten mußten deshalb durch ein kunstvoll gefügtes Gerüst gesichert werden. Fehler konnten zum Absturz von Menschen und Material führen. Die Enge des Bauplatzes war eine unabänderliche Größe. Hier mußten die Ziegelsteine zum Hochziehen der Mauern, Sand und Zement für den Betonbau des Achtecks und die Granit- und Sandsteine zu dessen Ummauerung gelagert werden. Ein Steinbruch bei Passau lieferte besagte Granitsteine. Für jeden von ihnen wurde auf dem Reißbrett eine maßstabsgerechte Zeichnung angefertigt. Danach folgte die Bearbeitung und das Einfügen an Ort und Stelle. Die Enge des gegebenen Raumes stand nicht nur mit den zu bewegenden Mengen an Baumaterial und Schutt in Konflikt. Über tausend hochqualifizierte Bauarbeiter und Ingenieure waren im Barackenlager nahe dem heutigen Parkplatz Kehlstein untergebracht. Sie arbeiteten beim Untertage-, Haus- und Straßenbau im oder für das Kehlsteinhaus. Ohne genaue Arbeitspläne, die bis in die Minuten vorschrieben, was zu tun war, hätte sich dieses Menschengewimmel in ein unentwirrbares Knäuel verstrickt. Jeder Mann mußte Tag für Tag und Stunde für Stunde wissen, was seine Aufgabe war. Er wußte es. Jeder Stein, der für den Aufbau des Kehlsteinhauses benötigt wurde, mußte zur bestimmten Stunde, millimetergenau zubehauen für die ihm zugedachte Baulücke zur Stelle sein. Er war es.
Mit seiner teilweise doppelten Umwandung, innen Sandstein, außen Granit, hat das Kehlsteinhaus auf knappem Baugrund dennoch die erstaunlichen Außenmaße von 20x52 m.
Die westliche Haushälfte liegt an den steilen Abstürzen zur Scharitzkehl. Hier befinden sich die wichtigsten Bauteile: Die große Gesellschaftshalle, ein Achteck (Oktogon). Sie ist unterkellert und gründet stellenweise hart am Felsrand. Sie besitzt bergseitig einen offenen Kamin, der mit prächtigem Carraramarmor

Bau des Kehlsteinhauses.

verkleidet ist, ein Geschenk Mussolinis an Hitler. Die Pracht wurde nach dem Krieg arg beschädigt. Souvenirjäger klopften sich Steinsplitter ab. Sechs Fenster, die infolge der doppelten Ummauerung in tiefen Nischen liegen, spenden auch bei sonnigem Wetter nur mäßiges Licht. Die Bestuhlung bestand zu Hitlers Zeiten aus tiefgründigen Polstersesseln, die zwar Bequemlichkeit für den darin Versunkenen boten, stilbewußte Kritiker jedoch dazu herausforderten, dem "Kleinbürger Hitler" eins auszuwischen. Speer schrieb hierzu in seinen Erinnerungen:
"Auf der Spitze des Hitlerschen Privatberges errichtete Bormann ein Haus, das aufwendig in einem ins Bäuerliche abgewandelten Dampferstil möbliert war."
Auf der Kaminseite geht ein Teil des Oktogons in einer langen Geraden auf. In ihr stecken 2 der insgesamt 8 Gebäudeecken nur noch als gedachte Punkte in anderen Gebäudeteilen. Es handelt sich zum einen um das Scharitzkehlzimmer, meist "Eva-Braun-Zimmer" genannt. Der Besucher erreicht es, wenn er vom Kamin kommend neun Stufen abwärts geht. Wie eine Gebäudenase buchtet es nach Südwesten aus. Sein großes Fenster gewährt einen unvergleichlichen Ausblick auf die tief darunter gelegene Scharitzkehlalm, zum Königssee, Watzmannmassiv, Lattengebirge, Reiteralpe und bei günstigem Wetter bis zu den Bergriesen der Zentralalpen. Obgleich Durchgangszimmer zu den Kolonnaden ist diesem Raum der Eindruck einer gewissen Intimität nicht abzusprechen. Eva Braun pflegte hier Freunde um sich zu versammeln. Dies geschah meistens in Abwesenheit Hitlers.

Ganz in Zirbenholz verkleidet ist dieser Raum nach Maß und Ausstattung sehenswert. Er gewährt Durchgang zu den Kolonnaden, eine mit vier Säulen bzw. fünf romanischen Rundbögen gestaltete und überdachte Veranda, die den großartigen Eindruck der Bergwelt aus geschützter Sicht nahebringt. Den anderen gedachten Punkt des Oktogons schneidet der Große Speisesaal. Aus dem Oktogon kommend muß der Besucher sechs Stufen ersteigen, um dorthin zu gelangen. Dieser ganz in Holz vertäfelte Raum sollte repräsentieren, ohne Kälte auszustrahlen. Eine kunstvoll mit Holzprofilen geschmückte Kassettendecke trägt viel dazu bei, diesen Eindruck zu vermitteln. Nahezu goldener Schnitt seiner Maße, vier tiefe Fensternischen, die sich zu den Kolonnaden hin öffnen, tun ein übriges. Ein langer Tisch beherrschte die Länge des Raumes. Er bot 30 Gedecken ausreichend Platz. Eine handgestrickte Tischdecke, gediegene schweinslederbezogene Bestuhlung. Eine in passendem Stil geschreinerte Vitrine diente der Aufbewahrung von Porzellan und Besteck. Sie steht heute noch am selben Platz, allerdings mit einer kleinen Veränderung. Die obere Hälfte dieses Möbelstückes wurde verglast. So repräsentativ dieser Raum damals gestaltet war, die Zahl seiner Besucher war gering.
Das hatte mit Hitlers Regierungsstil zu tun. Als Kanzler der einsamen Entscheidungen verlegte er seinen Regierungssitz recht bald nach der Machtübernahme im Jahre 1933 von der Reichshauptstadt Berlin weg zum Obersalzberg. Kabinettssitzungen, in denen Ressortminister ihre Meinung vortragen, das Für und Wider in der Kabinettsrunde diskutiert und Hitler schließlich für den Fall, daß keine Einigung erzielt werden konnte, als primus inter pares die Marschrichtung angab; selbst diese Art der Entscheidungsfindung war dem "Führer" zuwider.
Hier auf dem "Berg" empfing er, wen er zu sehen wünschte und entschied, wann und wie ihm das gutdünkte. Die Minister saßen zwar in Berlin, aber sie waren nie ganz sicher, wann sie zu "ihm" zitiert wurden. In der Zwischenzeit leiteten sie ihr Ressort in "seinem" Sinne. Entstanden manchmal Schaltfehler, flatterten Fernschreiben auf den Ministertisch: "Der Führer wünscht." "Der Führer ordnet an, befiehlt, erwartet." Unter solchen Zettelchen stand dann meistens: "gez. Bormann". Wozu also einen holzgetäfelten Speisesaal, einen großen Tisch für mindestens 30 Gedekke? Hitler haßte Zusammenkünfte mit seinen Reprä-

Links oben: Gretl Braun mit Christa Schröder vor dem brennenden Kamin des Kehlsteinhauses. Links Architekt Albert Speer.

Beide Bilder zeigen das Scharitzkehlzimmers, auch "Eva-Braun-Zimmer" genannt. Das linke die Südostseite.

sentanten der Macht. Wozu das? Um die Richtigkeit seiner Meinung an der anderer, und mochten sie noch so wichtige Staatsämter leiten, zu erproben? Völlig unnötig, denn seine Meinung war die einzig richtige.
Im Berghof, dem wahren Regierungssitz, gab es keinen einzigen Raum, der geeignet gewesen wäre, als Tagungsort für eine Kabinettsrunde zu dienen. Der große Speisesaal im Kehlsteinhaus hätte sich für einen solchen Zweck eher angeboten. Großräumig, repräsentativ, ungestört und mit allen technischen Voraussetzungen hierzu versehen. Hitler wollte nicht. Das Kehlsteinhaus wurde von Hitler nur in ganz wenigen Fällen, die später zu erörtern sein werden, genutzt. Der große Speisesaal jedoch nie, stand leer, abgesehen von einigen unbedeutenden Parteiveranstaltungen.
Der achte nur gedachte Punkt zum großen Gesellschaftsraum (Oktogon) liegt auf der Treppe zur Windenstube, die sich Wand an Wand zum Marmorkamin befindet. Dort hängt auf einer starken Achse die Winde mit dem aufgerollten Drahtseil für den Personenlift. Hitler hat oft die Befürchtung geäußert, diese gewaltige Metallmasse könne den Blitz ins Herz des Berghauses ziehen, dann, wenn er im Personenlift nach oben glitt und diese Winde über sich wußte.
Nehmen wir nun einmal an, Hitler verfolge ein wichtiges Ziel mit seinem Kehlsteinbesuch. Solches kam nur

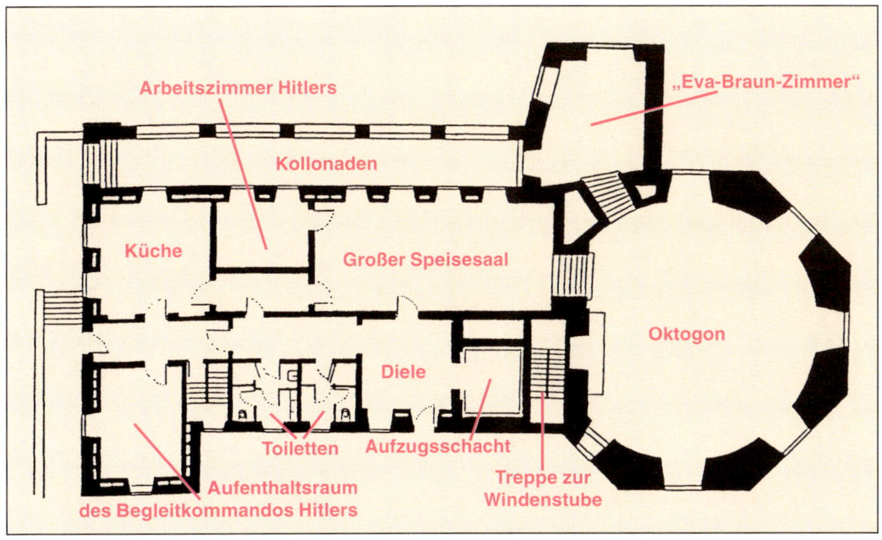

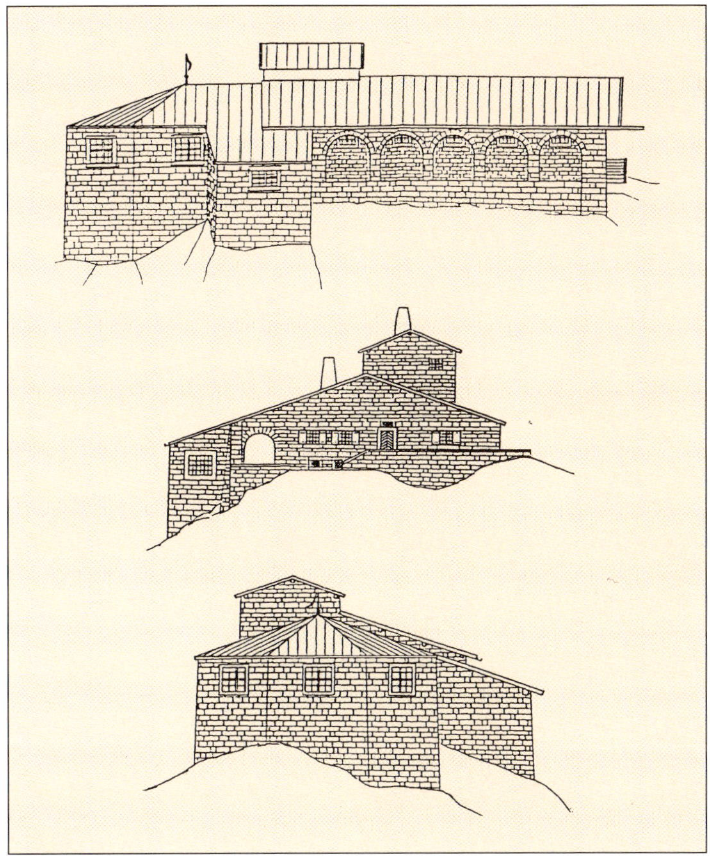

Links oben: Das Oktogon, die Treppe zum Speisesaal, rechts daneben der Abgang zum Scharitzkehlzimmer.

Links unten: Der große Speisesaal zu Hitlers Zeiten: repräsentativ, ungemütlich und meistens leer.

Grundriß des Kehlsteinhauses.

selten vor, versuchen wir den Besuch von François Poncet, dem französischen Botschafter im Kehlsteinhaus zu rekonstruieren (Der Bericht des Botschafters über diesen Besuch ist nachzulesen am Ende dieser Broschüre). Der Besuch fand am 17. Oktober 1938 statt. Da fängt die Schwierigkeit schon an. Etwa um 16.00 Uhr dürfte dieser beliebte Repräsentant französischer Lebensart den Parkplatz Kehlstein erreicht haben, so ein Botschaftsbericht. Gang zum Lift. Aufwärts. Am Liftausgang wird er von Hitler empfangen, oder meinte der Protokollchef, daß es der Bedeutung des Gastgebers angemessener wäre, wenn die Begrüßung im Speisesaal veranstaltet würde. Aber da standen ein Riesentisch mit 30 steifen Stühlen, die eine Entfaltung eigenen Gefolges sperrten. Wer weiß, wie diese Begrüßung tatsächlich in Szene gesetzt wurde. Da gab es noch Unannehmlichkeiten. Hitler mußte den Berghof an jenem denkwürdigen Tag spätestens um 15 Uhr verlassen, damit er rechtzeitig 800 m höher bereitstand. Denn er wohnte ja nicht auf dem Kehlstein. Zeitverlust. Empfindliche Änderung des Tagesablaufes. "...begrüßte mich liebenswürdig und mit großer Höflichkeit" heißt es dann im Bericht des französischen Botschafters. Dann zeigte Hitler den großen Gesellschaftsraum und den herrlichen Ausblick durch eines der Seitenfenster. Das Scharitzkehlzimmer wurde ebenfalls durchschritten, denn nur auf diesem Wege konnten die Kolonnaden ohne Umweg erreicht werden. Der von hier aus zu erlebende Blick in die Abgründe der Scharitzkehl sollte dem Gast nicht vorenthalten werden. Aber nun zur Sache. In einem "Nebenzimmer", laut Poncetbericht, wurde Tee zu dritt angeboten. Der damalige Reichsaußenminister von Ribbentrop war hinzugezogen worden. Mit diesem "Nebenzimmer" kann nur Hitlers Arbeitszimmer, heute das des Kehlsteinhauspächters, gemeint sein. Also denselben

Weg zurück, den sie gekommen waren, an den leeren Tisch des Speisesaals vorbei und hinein in ein kleines, zwei Fenster großes Zimmer zum Tee. Es dürfte das einzige und letzte Mal gewesen sein, daß Hitler sich in diesem seinen "Arbeitszimmer" im Kehlsteinhaus aufgehalten hat. Wie sollte er hier auch arbeiten? Es gab zwar einen Telefonapparat, aber keine Bücher, Akten, Unterlagen; kein Nebenzimmer für Sekretärinnen, Adjudanten, die einem Staatsoberhaupt stets zur Hand stehen müßten.

"Zwei Stunden lang erlaubte mir Hitler, Fragen an ihn zu stellen. Er antwortete mir freimütig, aufrichtig und ohne in Verlegenheit zu geraten."

So berichtet u. a. François Poncet. Also doch eine sinnvolle Zusammenkunft? Zweckmäßiger wäre es gewesen, diese Unterredung im Berghof oder noch besser in der Reichskanzlei Berlin zu veranstalten. Dann hätte man sich das "Arbeitszimmer", das keines sein konnte, den Speisesaal, der Leere gähnte, den Großen Gesellschaftsraum, dessen tiefe Sessel man nicht benutzte, den "Durchgang" Scharitzkehlzimmer zu den Kolonnaden erspart.

Allerdings, Poncet war zweifellos vom Kehlsteinhaus beeindruckt. "Hitlers Haus machte auf mich den Eindruck eines im Weltraum schwebenden Gebäudes. Der ganze Anblick, getaucht in das Halbdunkel der Herbstabenddämmerung, schien gewaltig wild. War dies Schloß Monsalvat, bewohnt von den Gralsrittern? Oder Berg Athos, wo die Cenobiten meditieren?" So schrieb er in dem Bericht über seinen Besuch auf dem kurz zuvor eröffneten Kehlsteinhaus. Als es schon im Schatten der Berge lag, die Sonne versinkt im Oktober früh, verabschiedete sich der französische Gast. François Poncet beendete bald darauf seine Mission in Berlin, zu Hitlers Bedauern. Es hatte sich erwiesen: das Kehlsteinhaus ist für Zwecke der Diplomatie zu klein, es liegt zu hoch und von den Nervensträngen politischen Lebens zu abgelegen. Es lenkt zudem durch seine einmalige Schönheit vom Ernst des politischen Geschäftes ab. Erschwerend kam hinzu, daß Hitler an der Höhenkrankheit litt. So schrieb François Poncet an anderer Stelle seines Berichtes: "Sein Gesicht war blaß und von Müdigkeit gezeichnet." Also ein Prestigeobjekt, mehr nicht? Wie schreibt Poncet über dieses Thema: "Hitler führte mich sofort an eines der Seitenfenster des Hauptzimmers (Oktogon) und genoß dabei sichtlich mein Erstaunen und meine Bewunderung, die ich bei dem herrlichen Rundblick nicht verbergen konnte." Erstaunen, Bewunderung, Anerkennung.

Politische Gespräche leben von solchen Gefühlen. Aber der kluge Missionschef Frankreichs ließ sie nicht höher wuchern, wie es die Höflichkeit dem Gastgeber gegenüber erforderte. Demnach hätte dieses denkwürdige Gespräch vom 17. Oktober 1938 auch in Berlin stattfinden können, im Berghof oder einem anderen

Links: Heinrich Hoffmann fotografiert Hitler zusammen mit dem französischen Botschafter François Poncet in den Kolonnaden des Kehlsteinhauses. Wirkt der Gastgeber überarbeitet, wie Poncet in seinem Bericht später schreibt, oder läßt ihn seine Höhenkrankheit verkrampft aussehen?

Rechts: Hitler mit Prinz Philipp von Hessen in den Kolonnaden des Kehlsteinhauses. Der Prinz zugeknöpft bis in die Fingerspitzen. Hitler schaut in die Felsabstürze der Scharitzkehl.

Ort. Die Schönheit des Bergschlosses im Göllmassiv bewirkte politisch nichts? Wahrscheinlich nicht.
Der Adlerhorst (Eagle`s Nest) taugt nicht für das politische Geschäft? Nur noch zwei Ereignisse wären in diesem Zusammenhang zu erwähnen. Anfangs 1938 nach dem Anschluß Österreichs an das Deutsche Reich empfing Hitler Prinz Philipp von Hessen mit dessen Frau Marie José, Prinzessin von Savoyen, auf dem Kehlsteinhaus. Sie, die Tochter des Königshauses Savoyen, hatte in der Österreichfrage bei ihren Eltern Vermittlungsdienste geleistet. Hitler wollte zu weiteren Hilfeleistungen ermuntern und bat das hohe Paar zum Tee auf den Kehlstein. Der wurde getrunken, aber mit welch eisigen Mienen! Sie hatten schnell umgedacht und empfanden keine Freude mehr in dem Bewußtsein, den verächtlichen Emporkömmling Hitler einmal gefördert zu haben. Aus ihrer früheren Begeisterung für den Diktator war Abneigung, später sogar Feindseligkeit geworden. Der Prinz von Hessen gab sich kaum Mühe, ähnliche Gefühle zu verbergen. Die Teestunde im großen Gesellschaftsraum des Kehlsteinhauses mit zwei einflußreichen Angehörigen des europäischen Hochadels stiftete Unfrieden und eine Feindschaft, deren wahre Bedeutung Hitler spätestens an jenem Tag erkennen mußte, als Oberst von Stauffenberg mit einem Koffer voll Dynamit ein Attentat auf ihn verübte. Die letzte Probe aufs Exempel lieferte der 13.8.1939. An diesem Tage, kurz vor dem 1.9.1939, als es zum zweiten Weltkrieg kam, wollte Hitler sich der Bündnistreue Mussolinis vergewissern. Er lud ihn auf den Berghof ein. Der aber kniff und schickte seinen Schwiegersohn, den Grafen Ciano. Zwei Tage lang redete Hitler mit dem ausweichenden Italiener. Italien ist nicht kampfbereit. Es benötigt noch eine längere Vorbereitungsphase. Tausend Vorwände für eine Auskunft: Italien ist nicht bereit, an der Seite Deutschlands zu kämpfen (Zu einer späteren, Hitler höchst ungelegenen Stunde, marschierte es los. Der unglückselige Balkankrieg im Frühjahr 1941).
Als alle Überredungskunst Hitlers nicht nutzen wollte, spielte er eine letzte Karte aus. Das Kehlsteinhaus. Er fuhr, gemeinsam mit dem Widerstrebenden die Kehlsteinstraße hoch, sie durchschritten das Bronzetor mit den Löwengriffen, schwebten in der goldglänzenden Kabine nach oben und Hitler zeigte dem adeligen Gast sein Märchenschloß. Der aber blieb unbeeindruckt. Hitler mußte erkennen, daß sein Prestigeobjekt keinen diplomatischen Erfolg herbeizaubern konnte. Das Kehlsteinhaus, eine Stätte diplomatischer Begegnungen? Drei Beispiele, drei Fehlschläge.
Bleibt noch die Frage, wieviel das Haus auf dem Kehlstein den deutschen Steuerzahler gekostet hat. Ca. 30 Millionen Goldmark sollen es gewesen sein. Das sind nach heutiger Währung etwa 280 Millionen DM. Hitler inszenierte ein Versteckspiel um diese Ausgaben. Es wurde die Mär verbreitet, Hitler habe nur widerstrebend

oder gar nicht in den Bau eingewilligt. Bormann, der intrigante großmannssüchtige Schatten seines Herren sei daran schuld. Ja, eigentlich sei er hinterrücks vor vollendete Tatsachen gestellt worden; heimlich sei alles geschehen. Mit dieser Behauptung wurde die Glaubensfähigkeit der Mitwisser arg strapaziert. Denn Hitler wohnte als Staatsoberhaupt mitten drin im Geschehen. Keine 100 m entfernt von einem jener Tragegerüste, auf denen die Rollen der Materialseilbahn zum Kehlstein Tag und Nacht quietschten. In diesem Zusammenhang ist es wichtig zu wissen, daß Hitler während der Bauzeit für das Kehlsteinhaus nicht von Berlin aus sondern mindestens die Hälfte dieser lärmträchtigen Tage vom Obersalzberg aus das Reich regierte. Er ertrug den Motorenlärm der LKW, die Tag und Nacht die engen Gebirgsstraßen des Obersalzberges mit Gestank verpesteten, das Geschrei, die Zurufe, den Verkehrswirrwarr, der zwangsläufig am Hintereck, also in seiner unmittelbaren Nähe entstand, wenn der Materialverkehr, der Ansturm von Arbeitern sich hier staute. Es gab keinen anderen Weg nach oben. Dies alles soll Hitler nur widerwillig erduldet oder, was auch behauptet wird, gar nicht gehört und gesehen haben? Es kam noch ein anderes Täuschungsmanöver hinzu: Der offizielle Buchungstitel für alle im Zusammenhang mit dem Bau des Kehlsteinhauses entstandenen Kosten hieß: "Geburtstagsgeschenk der NSDAP an Hitler."

Solche Gaben verbinden sich immer mit der Vorstellung, daß sie bis zum Geburtstag vor dem Ehrenden geheim gehalten werden, um dann von diesem als Überraschung in Empfang genommen zu werden.
Wie es mit der Überraschung nach dem Geschilderten ausgesehen haben mag, kann sich der Leser ausmalen. Wo aber die NSDAP Gelder für besagtes "Ge-

Links: Die Dunkelheit des Oktogons, verhältnismäßig kleine Fenster und tiefe Fensternischen machen dieses Bild unscharf: Im Gespräch: Hitler, Prinz Philipp v. Hessen, Goebbels (v.l.n.r.). Deutlich aber zu erkennen, daß der Prinz nur aus Höflichkeit lächelt.

Links unten: (Von li. n. re.) Frau Bormann, Frau Goebbels, Adolf Hitler und Eva Braun.

Marie José, Prinzessin von Savoyen, beim Tee.

schenk" hernahm, darüber war diese im allgemeinem und deren Reichsleiter im besonderen niemand eine Rechenschaft schuldig.
Und der Geburtstag? Gemeint war der 20. April 1939. Er war noch lange nicht Historie geworden, als Hitler zum ersten Male die Kehlsteinstraße befuhr.

Blick vom Kehlsteinhaus zum Parkplatz. Oben rechts ist die Trasse der Kehlsteinstraße schwach erkennbar; ebenso die noch unzerstörten Gebäude des Obersalzberges, Kaserne, Gewächshauses etc.

KEHLSTEINPANORAMA

RUNDBLICK VOM KÖNIGSSEE BIS SALZBURG

Kehlstein Panorama
from Koenigssee to Salzburg

The panorama can be detached by opening the staples!

Nach Öffnen der Klammern kann das Panorama herausgetrennt werden!

9549 Kehlstein
RVO
M-RV 3911
RVO

WESTLICHES PANORAMA VOM KÖNIGSSEE BIS ZUM KEHLSTEINHAUS

Western panorama from Koenigssee to Kehlsteinhaus

ÖSTLICHES PANORAMA VOM KEHLSTEINHAUS BIS SALZBURG MIT DEM OBERSALZBERGGEBIET

Eastern panorama from Kehlsteinhaus to Salzburg with Obersalzberg area

Gaisberg Zinkenkopf (1336 m)

NOT TO BE TAKEN INTO THE AIR

Date 5th October 1944

TARGET INFORMATION SHEET

GERMANY

Op. No. GN 3770	Place BERCHTESGADEN Nr. SALZBURG	Lat. : 47° 37' N
A.M. No. 3(k)20	Category LAND ARMAMENTS	Long. : 13° 02' E
D.T.M. No. -	Sub-catgy. Military Establishments	Alt. : 6,050 ft. Target A 3,200 ft. Target B

ALL PREVIOUS INFORMATION SHEETS AND AMENDMENTS THERETO ARE CANCELLED.

TARGET MAP: STANDARD 1941 (MAGNETIC) TYPE MAP DATED JULY 1944.

DESCRIPTION

(i) The TARGET comprises a complex of two individual targets as follows:-

A. The EAGLE'S NEST on the OBER KEHL ALP

B. WACHENFELS at the village of OBER SALZBURG.

Target A is 2 miles S.E. of BERCHTESGADEN, 13 miles S. of SALZBURG

Target B is 2 miles E. of BERCHTESGADEN, and 12 miles S. of SALZBURG Both targets are situated in a remote part of the mountainous country lying to the S. of Salzburg. Target A is situated on the extreme top of the Ober Kehl Alp, which is a spur 6,000 ft. high running N.W. from 8,300 ft. high Hoher Goll, which forms the frontier between Germany and Austria. Further S. still, beyond the 6 mile long lake of the Königs-See, is the 8,800 ft. range of the Steinernes Meer.

Neither target is adjacent to any built up area, but to the E. of Target B are several hutted camps.

(ii) Target A, sometimes also known as the "Tea-House", was built by Hitler as an observation post and place of entertainment for guests. It is stated to be inaccessible from the outside, and a considerable part of the building is believed to be buried in the top of the mountain. The approach to the Eagle's Nest is by way of a road (not shown on the G.S.G.S.100,000 scale map) which leads to a point on the mountain side from which a tunnel is driven in to the mountain to a point immediately below the Eagle's Nest itself. From this point a lift rises some 400 ft. to the Eagle's Nest. The building contains kitchens, sitting-rooms etc., but before the war was not normally used as a place of residence. Outside the building, which has six large windows, is a broad covered stone balcony, from which views of the Hoher Göll and the Königs See can be obtained.

Target B is an area containing the Führer's residence, Wachenfels. The area is approached by a winding road from Berchtesgaden and includes extensive barracks and other buildings for guards and servants. The actual Haus Wachenfels is the building marked 1 on illus. 3(k)20/4.

(iii) Target A (See illus. 3(k)20/2) is an extremely small objective apparently measuring about 17 yds. square.

Target B (See illus. 3(k)20/4) is about 915 x 415 yds. with the major axis in an E.N.E. direction. It contains 6 principal groups of buildings of which Nos. 1-3 are residential and No. 1 is the Führer's residence. Nos. 4-6 are respectively a hospital, a garage and a group of S.S. barracks. The area is evidently closely guarded, and some parts of it are surrounded by a substantial wall.

Information is not at present available regarding detailed particulars of Obstructions to low flying attacks in the area of this target complex, and rather than delay the issue of this Information Sheet, this data is being omitted for the present. If this information is required for this particular target, it will be obtained and supplied at short notice on application to A.I.3c(1)

/Attention

A.I.3.c. (1)

Liebesnest oder Lustschloß

Eva Braun mit ihrer Schwester Gretl Braun, Propagandafotos Heinrich Hoffmanns.

Es wird immer wieder in der einschlägigen Literatur behauptet, das Kehlsteinhaus sei ein "Ort der amourösen Begegnung" gewesen. Die Lage über den Wolken, gut bewacht und verschwiegen, habe dazu eingeladen. Hitlers Liebesverhältnis zu Eva Braun kann damit nicht gemeint sein. Dieses im Reich wohlgehütete Geheimnis konnte auf dem Berghof keines sein. Jeder dort oben wußte Bescheid, befolgte aber ein ungeschriebenes Gesetz: Nach außen hin kein Wort darüber. Der Autor dieser Zeilen kann es bestätigen. Als er im Herbst 1943 den Befehl erhielt, die Flugabwehr für Obersalzberg und Berchtesgaden zu übernehmen, erfuhr er zum ersten Mal von der Existenz einer Frau Eva Braun und deren Verhältnis zu Hitler. Diese Ehe ohne Ehekontrakt vollzog sich auf dem Berghof. Hier lebten die beiden Zimmer an Zimmer und Teller an Teller. Es bestand kein Anlaß, das Geheimnis Kehlsteinhaus dem des Berghofes vorzuziehen. Jedoch gab es damals einen Menschen, der es hätte wagen können, das Kehlsteinhaus als Liebesnest zu mißbrauchen. Martin Bormann, der König des Obersalzberges. Hitler vertraute ihm blind. Es ist bekannt, daß Bormann es mit der ehelichen Treue nicht so genau nahm. Bormann hatte eine treusorgende Ehefrau, Mutter von elf Kindern. Außerdem nahm er sich seine Geliebten, wo er sie finden konnte. Es wird behauptet, daß er es mit diesen dort oben getrieben habe. Man schaue sich den Grundriß des vermeintlichen Tatortes an. Speisesaal, großer Gesellschaftsraum oder etwa das Durchgangs-, das "Eva-Braun-Zimmer"? Nirgendwo eine rechte Bleibe für ein Liebespaar. Vielleicht Hitlers "Arbeitszimmer". Ein Tisch, ein Stuhl, zwei Fenster. Das Kehlsteinhaus hat kein Schlafzimmer, einige für solche Zwecke höchst ungeeignete Sonnenliegen, die im Keller aufbewahrt wurden. Küche, Raum für die Wachmannschaft, Kellerraum.

Allerdings, die großzügig geschnittenen Räume des Kehlsteinhauses boten sich zum Feiern in großer oder

Diese so friedlichen und unbeschwert wirkenden Aufnahmen der Seiten 24, 49, 50 und 51, meist im Kehlsteinhaus, dürfen nicht vergessen lassen, was hinter all den Bauten der Nationalsozialisten stand:
Ein totalitäres System das Krieg, Vernichtung und Verderben heraufbeschwor und Millionen von Menschen das Leben kostete. Es sind Propagandafotos die damals dem Deutschen Volk die „liebliche und heile Welt" vorführten, in der der „Volkskanzler wirklich zu Hause ist".

kleinerer Runde an. Bormann, den so manchesmal der Alkoholteufel jagte, liebte es, eine Zechgemeinde mitten in der Nacht, zu Hause oder auch im Kehlsteinhaus um sich zu versammeln. Dieser meist gehaßte und gefürchtete Mann auf dem Obersalzberg war gerade in solchen Stunden gelockerten einander Zuprostens mit besonderer Vorsicht zu genießen. Er zwang seine Gäste, aus ihrer Deckung herauszugehen, um so in seinem Machtspiel Vorteile zu gewinnen.
Allerdings fanden derartige "Zusammenkünfte" nur selten auf dem Kehlsteinhaus und viel häufiger im Gästezimmer des Hauses Bormann statt. Die Höhenlage, extreme Wetterbedingungen und der Wunsch Hitlers, die Existenz eines Hauses auf dem Kehlstein vor den Deutschen geheim zu halten, hielt die Zahl jener Personen begrenzt, die an solchen Spritztouren teilnehmen durften. Als der Krieg ausgebrochen war, Hitler sich meistens in seinem Führerhauptquartier aufhielt, sein Schatten Bormann aber keine andere Wahl hatte als hinter ihm her zu sein, liefen die Gäste und Aufgaben des Kehlsteinhauses davon, wie Schmelzwässer im Frühling. Während der Kriegsjahre vereinsamte das jung erstandene Bergschloß zunehmend. Keine Diplomatenempfänge mehr, keine hohen Parteiführer, noch nicht einmal solche Bormanns. Gern hatte er sich damit gebrüstet, als Gastgeber in Stellvertretung seines Herrn und Meisters hier oben aufzutreten. Nein, das Oktogon wurde weiterhin warmgehalten, die Ledersessel des großen Speisesaals regelmäßig abgestaubt, die Telefone des Führerarbeitszimmers auf Betriebstüchtigkeit geprüft. Das riesige Absperrgebiet um den Kehlstein, knapp 1000 ha Hochgebirge, Wald, Alm und Fels, wurden umzäunt. Seine Grenzen regelmäßig von Wachmännern begangen. Sicherheit des Staatschefs? Nein, der beriet in Frankreich, Rußland, Deutschland in seinem Führerhauptquartier, das war manchmal auch der Berghof, täglich die militärische Lage. Nein, das breite Publikum durfte während eines Krieges, der vom Volke Opfer forderte, wie nie zuvor in der deutschen Geschichte, keinen Einblick in die Vorgänge hinter dem Zaune erhalten.
So blieben die Wälder und Felsen um den Kehlstein während des Krieges menschenleer. Bormann, der allgewaltige Sklave Hitlers hütete den Schlüssel zum massiv gebauten Zugangstor am Hintereck, dem Zugang zur Kehlsteinstraße. Es öffnete sich nur noch selten: Frau Bormann mit ihren Kindern, vielleicht zusammen mit Eva Braun zu einem Sonnenbad in 1850 m Höhe, Eva Braun mit ihrer Schwester Gretl zu einer Teestunde am brennenden Kamin oder auch mit Hitlers Adjudanten zu einer Schneeballschlacht im Spätherbst, wenn die Kehlsteinstraße noch nicht zugeschneit war. Gelegentlich führte Bormann zusammen mit seinem Verwaltungsführer Herrn Schenk Inspekti-

Der Bombenangriff vom 25. April 1945

Auf ihre Bewährungsprobe mußten die am und um den Obersalzberg in Stellung gegangenen Flakkanoniere, überwiegend blutjunge Männer des damaligen Reichsarbeitsdienstes, warten, bis das offizielle Ende nur noch wenige Tage bevorstand (8. Mai 1945). Der Bombenangriff vom 25. April 1945 kann deshalb nicht mehr als ein Akt der Kriegsführung sondern muß als ein solcher der Zerstörung ohne taktischen oder strategischen Nutzen betrachtet werden.

Fünf Tage bevor Hitler sich mit Eva Braun im Bunker der Reichskanzlei Berlin trauen ließ, um anschließend gemeinsam mit ihr Selbstmord zu begehen, zerpflügten über 1000 alliierte Bomber die liebste Baustelle Bormanns so gründlich, daß vom Berghof nur noch eine durchgeblasene Ruine übriggeblieben war, vom Landhaus Göring ein Torso und vom Landhaus Bormann ein Schmutzfleck unter vielen in durchgewühltem Gelände. Die vier Gebäude um den Kasernenhof waren gründlich zerstört, Platterhof und Gästehaus Hoher Göll schwer beschädigt. Die Steilstrecken der Zufahrtsstraßen waren in Kraterlandschaften verwandelt. Umgehungsmöglichkeiten gab es nicht. Dreitausend italienische Bauarbeiter halfen, so daß nach drei Tagen wieder nach Berchtesgaden und weiter gefahren werden konnte.

Lediglich der Kehlstein blieb unbeschädigt, obgleich ihm und seinem Felsenschloß eine Vielzahl von Bombenabwürfen gegolten hatten. Die Flakabwehr hatte die angreifenden Piloten vielleicht nicht abgeschossen, aber immerhin so stark bedrängt, daß ihre Bomben nicht punktgenau ins Ziel trafen. So detonierte die dem Kehlsteinhaus zugedachte Sprengkraft weit unten in den Abgründen rings um Hitlers Bergschloß, es selbst verfehlend. Wenn diese Bombengeschwader einige Wochen früher angegriffen hätten, wären die meisten ihrer Bomben wirkungslos in den Felsen der Hochalpen zerschellt. Die Chance, den Heimatflughafen wieder zu erreichen, wäre wesentlich geringer gewesen. Am 25. April 1945 jedoch gab es im deutschen Luftraum keine funktionierende Flugüberwachung mehr. Die Alliierten standen kurz vor München, vor Nürnberg, vom Kampf um Berlin und den norddeutschen Raum ganz zu schweigen. So war es möglich, daß sich die angreifenden Bombergeschwader bis kurz vor Ihrem Ziel unbeobachtet nähern konnten. Kurz bevor die ersten Bomben fielen, konnte erst Alarm für die Berchtesgadener Bevölkerung und "Feuer frei" für die Flakkanoniere gegeben werden. Die erste Angriffswelle stieß deshalb auf keine flakartilleristische Abwehr. Danach sah das allerdings anders aus.

Es gibt Begegnungen und Briefwechsel der Feinde von damals, heute in freundschaftlich-kameradschaftlichem Gedankenaustausch einander verbunden, die das wirksame Abwehrfeuer der Berchtesgadener Flakartillerie bestätigen. Nur so ist es zu erklären, daß sich die Verwüstungen auf dem Obersalzberg, gemessen an der Zahl von über 1000 eingesetzten Bombenflugzeuge in Grenzen hielten; nur so, daß das ebenfalls angegriffene Kehlsteinhaus unbeschädigt blieb. Noch eine Panne der Abwehr sei erläutert. Der deutsche Flugmeldedienst war am 25. April 1945 so gut wie ausgefallen. Die Warnfrist schrumpfte deshalb auf fünf Minuten anstatt der für künstliche Vernebelung erforderlichen 45 Minuten. Zum Zeitpunkt des Angriffes lag das Tal der Berchtesgadener Ache klar vor den Augen der Bomberverbände. Die suchten jedoch Obersalzberg und Kehlstein, nicht aber den Ort Berchtesgaden. So hatte die mißglückte künstliche Vernebelung ein Gutes. Berchtesgaden blieb von diesem schrecklichen Bombenangriff des 25. April verschont.

Platterhof nach der Zerstörung und dem Einmarsch der Amerikaner.

Berchtesgadener Bauern retten was zu retten ist. Sie bergen Baumaterial aus den Ruinen des Obersalzberges.

Linke Seite oben: Gästehaus Hoher Göll nach dem Bombenangriff. In diesem Zustand steht es heute noch, durchgeblasen, von den Druckwellen des Angriffs deformiert, als Ruine, daneben Landhaus Göring.

Linke Seite unten: Das zerstörte Gewächshaus und die einmarschierten Amerikaner.

Hitlers Berghof vor und nach dem Bombenangriff vom 25.4.1945.

Linke Seite: Kampflose Übergabe Berchtesgadens am 4.5.1945 in Winkl nahe Bischofswiesen.

4.5.1945. Die amerikanische Panzerspitze an den Ortseinfahrt Berchtesgaden.

Amerikanische Fahrzeuge auf der Bahnhofstraße in Berchtesgaden. Rechts im Hintergrund der Bahnhof.

Kriegsende am Obersalzberg/Berchtesgaden

Nachdem Berchtesgaden die Gefahren des 25. April 1945 glücklich überstanden hatte, rückte kurz darauf die nächste näher; die Angriffsspitzen der Alliierten rollten heran. Der deutsche Widerstand brach zusammen. Jedoch bis zur Besetzung galt Hitlers Machtwort. Halten, halten, kämpfen bis zur letzten Patrone. Hitler verband sein persönliches Schicksal mit dem des deutschen Volkes. Kämpfen oder untergehen. Der damalige Landrat Jacob in Berchtesgaden war zusammen mit dem Kommandanten des Obersalzberges (der Autor) anderer Meinung. Die militärischen Verbände wurden deshalb in die Heimat entlassen und Jakob bot den am 4. Mai 1945 auf Berchtesgaden vorrückenden Alliierten die Übergabe an. Vorher hatte er die verängstigte Bevölkerung zur Bewahrung von Ruhe und Besonnenheit aufgefordert und dazu, die weiße Flagge zu hissen.

Inzwischen übernahm eine Berchtesgadener Dienststelle der amerikanischen Militärregierung alle Verwaltungsbefugnisse. Landrat Jacob wurde zunächst verhaftet, eine Ausgangssperre verhängt, Schulen geschlossen, Eisenbahn-, Omnibus- und Postverkehr eingestellt. Es gab auch keine Zeitungen mehr. Nun begann die Suche der Amerikaner nach vertrauenswürdigen Personen, um den Deutschen unter deren Führung ein gewisses Maß an Selbstverwaltung zurückgeben zu können. Kurz nach seiner Verhaftung wurde Landrat Jacob wieder aus der Haft entlassen und erneut als Landrat eingesetzt. Er sorgte dafür, daß in enger Zusammenarbeit mit den Siegern wieder geordnete Verhältnisse einkehrten. Ein äußeres Zeichen hierfür war das allmähliche Verschwinden des Hinweisschildes "off limits" (Eintritt verboten) an Krankenhäusern, Kirchen, Verwaltungsgebäuden jeglicher Art usw. In den ersten Tagen nach der Kapitulation hatte es sich als notwendig erwiesen, daß mit solchen Behelfsmitteln dem Unwesen von Willkürakten Einhalt geboten wurde. Am meisten schnitten die Sperrstunden in das Leben der hungernden Bevölkerung ein. Sie regelten, oft recht unüberlegt, die Zeit, in welcher Zivilisten ohne besondere Ausweise sich frei bewegen konnten und wann den Besatzungsange-hörigen die Straße, und nicht nur diese, alleine gehörte. Abgesehen von privatrechtlichen Folgen recht ernster Natur wurde dadurch auch das Wirtschaftsleben stark beeinträchtigt. So ist es zu erklären, warum in den ersten Jahren nach Kriegsende die Hungerrationen für die Bevölkerung nicht größer werden wollten. Der Schwarzmarkt blühte. Die Produktion von Gütern, Handel und Wandel kamen nicht in Gang. Erst am 21.9.1949 wurde per Besatzungsstatut das Ende von Ausgangssperr-stunden verfügt. Die Wirtschaft des geschundenen Landes atmete auf.

Jubelnde amerikanische Soldaten auf der Terrasse des zerstörten Berghofes.

Hissen der amerikanischen Flagge auf dem Eckerbichl (Göringhügel).

Das große Fenster des Berghofes.

Amerikanische Soldaten besetzen das Kehlsteinhaus. Diese Aufnahmen dürften etwa Mitte Mai 1945 entstanden sein. Letzte Schneereste vor dem Bronzetor sind erkennbar, die Löwen als Türgriffe noch vorhanden.

Am 5. Oktober 1944 waren die Anflugspläne der Alliierten gegen die Angriffsziele Eagle`s Nest (Kehlsteinhaus) und Wachenfeld (Berghof) ausgearbeitet und festgelegt worden (siehe letzte Seite des blauen Kehlsteinpanoramas, Seite 48). Die Vorbereitungen für diese "Zielansprache" zum Zwecke der Zerstörung der genannten Objekte dürften einige Zeit in Anspruch genommen haben. Vielleicht war damit schon 1943 begonnen worden. Am 25. April wurde der lange vorher geplante Angriff geflogen. Die Erfolgsmeldung dieser Bombardierung liest sich wie folgt. Auszug aus dem Luftwaffenbericht Nr. 78 der ersten Maiwoche 1945:

"Berchtesgaden. Auf Fotografien vom 25. April, dem Tag an dem 318 RAF-Lancasterbomber festgelegte Ziele auf dem Obersalzberg mit nahezu 1232 t Bomben bewarfen, sieht man deutlich, daß Haus Wachenfeld drei direkte Treffer bekam. Ein Teil des Hauptgebäudes war zerstört und beide Flügel schwer beschädigt." Alle wichtigen Gebäude und zahlreiche unbekannte im Zielgebiet wurden in Mitleidenschaft gezogen. Die SS-Kaserne hat besonders schwere Schäden. Der mittlere Block ist zerstört, ein anderer durch einen direkten Treffer beschädigt und bei einem dritten wurde die Hälfte des oberen Stockwerks gesprengt. Das Haus von Spahn, dem Leiter der SS-Verwaltung, ist teilweise zerstört. Der Verwaltungssitz und die Luftbeobachtungsstelle rauchten zur Zeit der Aufnahme stark. Das Zentrum zur Bewachung des Obersalzberges ist getroffen".

Vier Bilder zeigen Szenen eines Besuches von General Dwight D. Eisenhower im Kehlsteinhaus. Ein russischer General des Alliierten Kontrollrates war auch anwesend. Bild oben links: Überschreiten des Eingangs zum Lifttunnel (Bronzetor). Dritter von links der Russe. Der große runde Tisch diente damals dazu, daß sich die Besucher darauf mit ihrem Namenseintrag verewigten so auch Eisenhower.

Das Kehlsteinhaus heute

Die Eroberung des Kehlsteinhauses durch die Alliierten muß ganz anders ausgesehen haben. Berichte hierüber fehlen. Wer sollte auch gesehen haben, wie sie sich vollzogen hat, außer den Besetzern selbst? Die Kehlsteinstraße war noch tief verschneit und unbefahrbar. Ein eisiger Winterschlaf hielt den schmalen Berggrat und sein Haus gefangen. Keine Besucher mehr seit dem 4. Juni 1944, dem Tag der Hochzeit Fegeleins. Es gibt keine genauen Daten darüber, wann die Alliierten erstmals mit bergtüchtigen Fahrzeugen die große Scharitzkehlkurve umrundeten, um schließlich vor dem Bronzetor mit den Löwenköpfen zu parken, Einlaß begehren in Hitlers wohlgehütetes Geheimnis. Vorher mußte wohl der Verwaltungsführer Bormanns, Herr Schenk, aufgetrieben worden sein. Denn er hatte die Schlüssel in Verwahrung, hütete seit Jahren die Totenstille dieses Hauses. Dann erst betraten sie das unversehrt gebliebene Bergschloß.
Eagle`s Nest sagten sie. Adlerhorst. Nach ihrem Siege besuchten sie ihn, bestaunten das kühne Bauwerk. Berühmte Generäle der Alliierten erschienen hier oben, u. a. Eisenhower, Montgomery, russische Generäle des Alliierten Kontrollrates, aber auch niedere Dienstgrade der Franzosen, Engländer, Amerikaner und Russen betraten das Oktogon, schrieben ihren Namen mit Datum des Besuchstages auf die große runde Tischplatte, die von Bormanns Zeiten her dort noch herumstand. Sehr schnell wurde die Auswahl der Besucher enger. Keine Russen mehr. Der Ost-Westkonflikt war ausgebrochen. Aus anderen Gründen bröckelten Franzosen und Engländer ab. Es blieben nur noch die Amerikaner. Sie residierten hier oben fast so exklusiv wie ehemals die Nazigrößen. Aber ihnen erging es wie die-

Beide Bilder rechts zeigen den Speisesaal heute: behaglich und farbenfroh eingerichtet; beliebter Treffpunkt für Freunde der Berchtesgadener Bergwelt.

Der frühere Aufenthaltsraum für die Wach- und Begleitmannschaft Hitlers.

Thekenverkauf
No self service

Die Küche des Kehlsteinhauses im Jahre 1939. Diese für damalige Verhältnisse moderne Ausstattung mit Küchengeräten genügte für die damals sehr geringen Anforderungen an Speisen und Getränken im Kehlsteinhaus.

Rechte Seite
Oben: Das Oktogon.
Unten: Blick nach Nordwesten. Die drei Fenster bieten bei klarem Wetter einen Rundumblick, der vom Watzmann bis weit ins Salzburger Land reicht.

Das Scharitzkehlzimmer (früher Eva-Braun-Zimmer) heute.

sen: Kalt, einsam, um nicht zu sagen langweilig. Der ehemalige Platterhof, jetzt General-Walker-Hotel auf dem Obersalzberg mit seinen komfortablen Zimmern und großen Aufenthaltsräumen war gemütlicher und viel besser erreichbar.
1952 übergaben die Amerikaner das Kehlsteinhaus der bayerischen Landesregierung. Diese verpachtete es an die Alpenvereinssektion Berchtesgaden.
Das Jahr 1960 war für das Berchtesgadener Land ein Erinnerungsdatum von besonderer Bedeutung. 150 Jahre zuvor war die damals reichsunmittelbare Fürstpropstei Berchtesgaden dem Königreich Bayern einverleibt worden. Schmerzlich genug für die bis dahin unabhängigen Berchtesgadener, nun aber ein Anlaß zur Rückbesinnung auf eine 850jährige Vergangenheit. Gelegentlich eines Festaktes übergab der damalige bayerische Staatsminister Goppel am 6. August 1960 das Kehlsteinhaus an die "Berchtesgadener Landesstiftung". So gelangte das Haus unter die Verwaltung des Fremdenverkehrsverbandes des Berchtesgadener Landes.
Der Leser erinnert sich an Gedankengänge, die zum Bau des Kehlsteinhauses geäußert worden waren. Ist dieses Felsenschloß wirklich architektonisch eine Fehlleistung? Da hieß es doch für Kabinettssitzungen oder diplomatische Empfänge sei es zu abgelegen. Zu klein; als Arbeitsstätte so für Hitler ungeeignet. Als Liebesnest für Hitler oder Bormann ebenso ungeeignet. Deshalb war es ja auch für Eva Braun mit ihrem kleinen Anhang, für Familie Bormann mit ihrer großen Kinderschar - andere Privatgäste waren ohnehin nicht zugelassen - nicht mehr, als ein Ausflugsort für Stunden. Die riesigen Repräsentationsräume in 1837 m Höhe wofür und wozu? Es sieht fast so aus, als hätte sein Architekt Prof. Roderich Fick beim Entwurf des "Adlerhorstes" an die Zeit nach Hitler gedacht. Die Öffnung des Hauses über den Wolken nach dem Kriege für Touristen, für Erholungssuchende, für Naturfreun-

Über den Rundweg hinaus führt ein Steig zum Mannlgrat (Mannlköpfe) und weiter zum Hohen Göll (2522 m). Diese Klettertour empfiehlt sich aber nur für geübte Bergsteiger.

de offenbart es. Plötzlich sind alle Räume, Oktogon, Speisesaal, Scharitzkehlzimmer, Raum für die Begleitmannschaft Hitlers bestens geeignet, Menschen gemütlich und schön unterzubringen und zu bewirten. Zwar gab es zu Hitlers Zeiten dort oben schon eine für damalige Zeiten leistungsfähige Küche mit entsprechenden Vorratsräumen. Aber sie dämmerte meistens unbenutzt vor sich hin. Nun aber ist sie mit modernen Küchenmaschinen ausgestattet und in der Lage, die Ansprüche der Gastronomie auch bei einem Massenansturm von Gästen gerecht zu werden. Auch die fehlenden Schlafzimmer sind plötzlich kein Nachteil mehr. Hotelbetrieb auf dem Kehlsteinhaus? Der hierfür erforderliche umbaute Raum wäre so teuer, daß sofort wieder die frühere Exklusivität entstünde. An Tagen, wenn die Sonne es besonders gut mit den Urlaubern meint, sind nicht nur die genannten Gasträume sondern auch die Kolonnaden, sie sind jetzt verglast, sowie die Terrasse hinter dem Hause voll besetzt.

Welches Glück, daß Bomben am 25.4.1945 den Kehlstein verfehlten, welches Glück, daß Landrat Jacob nach Kriegsende dieses einmalige Gemäuer davor bewahren konnte, daß die Abbruchbirne jenes Werk vollzogen hätte, was die Bomben der Alliierten verfehlten. Damals gab es kritische Stimmen, die alles zerstört wissen wollten, was an "damals" erinnern könnte. Landrat Jacob gab zu bedenken, daß tüchtige Architekten und Handwerker, meist Deutsche und Italiener hier oben ihr großes Können unter Beweis stellten, Männer, denen die Naziideologie oft fremd war. Vor allem aber bewies er, daß die Bormannsche Geheimnistuerei um das Kehlsteinhaus ein Anlaß sein müßte, dem Volke endlich zu geben, was ihm seit 1938 vorenthalten war. Er fand offene Ohren. Das Kehlsteinhaus öffnete endlich sein Bronzetor. Der Blick aus den Fenstern des Hauses, aus dem Säulengang der Kollonaden in die grandiose Bergwelt ist so bezaubernd wie von Anbeginn. Ein erfahrener Pächter leitet und verwaltet das Haus. Er sitzt mit seinen Unterlagen dort, wo Hitler einst sein sogenanntes Arbeitszimmer hatte. Von hier aus lenkt er die Tätigkeit seiner Köche und Kellner. Wieder einmal zeigt es sich: Nun, nach dem Kriege stimmt die Architektur. Dieses Arbeitszimmer liegt in der Mitte aller Tätigkeiten hier oben.

Wer die Gastlichkeit des Hauses genossen hat und anschließend das Abenteuer und den Reiz einer kleinen Hochgebirgswanderung erleben möchte, der folgt einem schmalen Pfad zwischen den Felsen, rechts und links die Abgründe des Kehlsteingrates. Er gelangt bis zu den Resten einer Mauer, die Bormann einst errichtet hatte, um den Zutritt zum Kehlsteinhaus auch bergseitig zu verhindern. Jenseits das gewaltige Göllmassiv. Erfahrene Bergsteiger erreichen es über den Mannlgrat.

Der Obersalzberg heute.
Freigabe Reg. v. Mittelfranken Nr.: G 363/7401.

Oben: 1953 wurde die Kehlsteinstraße für den Busverkehr freigegeben.

Mitte: Alte Busse aus der Anfangszeit. Mit 29 Sitzplätzen und 90 PS Leistung schnauften sie brav nach oben. Dort angekommen, mußten allerdings die Kühlerhauben geöffnet werden, damit die Motoren nach der Bergfahrt ablüften konnten.

Die 2000. Bergfahrt wird mit blumengeschmückten Fahrzeugen gefeiert; allerdings schon mit neueren Modellen der Firma Mercedes Benz.

Busverkehr zum Kehlsteinhaus

Als der Obersalzberg noch von Bergbauern besiedelt war, diese auf seinen Wiesen Viehwirtschaft betrieben, wenig Ackerbau und, weil beides meistens für die Erwirtschaftung des Nötigsten nicht ausreichte, zusätzlich im Salzbergwerk unter Tage arbeiteten, pfiffen Murmeltiere auf dem Kehlstein und das Gamswild stand in den Felsen.

So ist es auch heute noch, jedoch, während der Sommermonate geschieht dies in respektvoller Entfernung von der Kehlsteinstraße. Busse bringen Urlauber nach oben. Leistungsfähige Mercedes Benz Linienbusse verkehren auf der 6,4 km langen Strecke. Im Frühjahr wird die Straße mit Fräsen vom Schnee befreit, so daß der Busverkehr etwa Mitte Mai beginnen kann. Allerdings kann es auch mitten im Hochsommer noch zu Schneefällen kommen. Ein gut eingespielter Straßendienst weiß dem zu begegnen. So wird es möglich, daß auf dem Kehlsteinhaus die Gäste von etwa Mitte Mai bis Ende Oktober eine Bleibe finden.

Wenn im Hochsommer der Andrang besonders groß ist, fahren je 6 Busse gleichzeitig vom Parkplatz Hintereck und dem in 1700 m Höhe gelegenem Kehlsteinparkplatz ab. Ein genau berechnetes Umlaufsystem macht diesen Großeinsatz möglich. An zwei Ausweichstellen, am sogenannten Königsseeblick und vor dem untersten, dem Hochlenzertunnel, schieben sich die Fahrzeuge aneinander vorbei. Wer lieber wandert, kann den Kehlstein auch ersteigen. Der Fußweg führt vom Hintereck aus zum Ofner Boden und dem Urschenloch zum Parkplatz Kehlsteinhaus. Das fordert dem Besucher mehr Atem und Zeit ab, bietet dafür aber viele unmittelbare Eindrücke der Gebirgswelt.

Wintereinbruch im Sommer, eine moderne Schneefräße ist immer Einsatzbereit.

Die Regionalverkehr Oberbayern GmbH (RVO) berichtet: **„Kehlstein-Sicherheit"**

Seit Gründung des Unternehmens im Jahre 1976 als Nachfolgeorganisation des Bahnbus- und Postreisedienstes betreibt die Regionalverkehr Oberbayern GmbH den Liniendienst mit Kraftomnibussen vom Parkplatz Hintereck hinauf zum Kehlsteinhaus.

Für die 15 eingesetzten Omnibusse bedeutet die Fahrt auf der 6,4 km langen Strecke mit 700 m Höhenunterschied eine erhebliche Beanspruchung. Speziell ausgelegte Getriebeübersetzungen sorgen für die nötige Kraft, damit die extremen Steigungen problemlos überwunden werden können. Auch die ausreichende Abbremsung allein mit der Kompressionskraft des Motors ist bei der Auslegung des Antriebsstranges zu berücksichtigen. Die druckluftgesteuerte Betriebsbremse soll kaum benutzt werden und als Reserve zur Verfügung stehen. 240 Pferdestärken (177 kW) ziehen die 14 Tonnen schwere Last den Berg hoch. Dabei ist der Kraftstoffverbrauch zwei- bis dreimal so hoch als im gewöhnlichen Einsatz – auch ein Indiz für die enorme Arbeitsleistung, die auf dieser Strecke erforderlich ist.

Auf die Betriebssicherheit für diese nicht ungefährliche Hochgebirgsstraße wird besonderes Augenmerk gerichtet. Spätestens nach 5 Jahren werden die Fahrzeuge vorzeitig aus diesem Einsatz genommen und anderweitig eingesetzt. Dabei sind 5 Jahre alte Omnibusse noch lange nicht verbraucht. Es soll damit eine besonders große Sicherheitsreserve geschaffen werden.

Alle 2500 km werden die „Kehlstein-Omnibusse" von einer Fachwerkstatt untersucht und gewartet. Die Herstellervorgaben für den gewöhnlichen Einsatz werden so um das achtfache unterschritten.

Ein ebenso strenger Maßstab an die Beförderungssicherheit wird auch bei der Auswahl des Fahrpersonals angelegt. Nur erfahrenen und langjährigen Bediensteten wird die besondere Aufgabe der Personenbeförderung auf das Kehlsteinhaus im Berchtesgadener Land anvertraut. Über Betriebsfunk und Telefonstationen sind diese „Gebirgspioniere" mit einer Fahrmeister-Leitstelle am Parkplatz Hintereck immer verbunden. So können sie jederzeit bei außergewöhnlichen Vorkommnissen, auch plötzlichem Wetterwechsel gegebenenfalls Hilfe herbeiholen. Besonders im späten Frühjahr und im Herbst können die Witterungsbedinungen die Straßenbenutzung in Frage stellen. Vor Aufnahme des Betriebes wird daher der Zustand der Straße überprüft.

Die Regionalverkehr Oberbayern ist stolz darauf, daß sicherlich auch gerade wegen dieser strengen Sicherheitsvorschriften bislang keine gefährlichen Situationen beim „Kehlsteinbetrieb" bekannt geworden sind.

Bericht des französischen Botschafters François Poncet über seine Begegnung mit dem Diktator auf dem Kehlstein.

„Am Einladungstag, dem 17. Oktober, stellt mit Hitler sein eigenes Flugzeug zur Verfügung. Ich kam am nächsten Tag um 3 Uhr in Berchtesgaden an und fuhr dann mit dem Auto weiter. Der Einladungsort sah von weiter Ferne aus wie ein Observatorium, über 1800 m hoch gelegen auf dem Gipfel eines Gebirgskammes. Auf einer etwa 15 km langen, kurvenreichen Straße fuhr ich nach oben. Diese kühne Anlage ehrt die Fähigkeiten des Architekten Todt und seiner zähen Arbeiter, die diese gigantische Aufgabe in nur knapp drei Jahren vollendeten. Die Straße führt zum Beginn eines langen, in den Fels gesprengten Tunnels, dessen Eingang mit zwei massiven Doppeltüren aus Bronze versehen waren. Am Ende des Ganges wartete ein geräumiger, mit Messing verkleideter Aufzug auf mich. Ich kam in ein gedrungenes, stabil gebautes Gebäude. Bestehend aus einer Gallerie mit römischen Säulen, einem riesigen eingeglasten Rundbau.

Gewaltige Holzblöcke brannten in einem großen, offenen Kamin und es gab einen langen Tisch mit etwa 30 Sesseln. Der Rundblick auf die Berge war wie ein Ausblick aus einem Flugzeug. Da unten lag Salzburg, es sah aus wie ein Amphitheater. Viele Ortschaften, und soweit das Auge reichte unzählige Berge mit Wiesen und Wälder.

Hitlers Haus machte auf mich den Eindruck eines im Weltraum schwebenden Gebäudes. Der ganze Anblick, getaucht in das Halbdunkel der Herbstabenddämmerung, schien gewaltig wild, einer Sinnestäuschung gleich. War das Schloß Monsalvat, bewohnt von den Gralsrittern? Oder Berg Athos, wo die Cenobiten meditieren?

Der Kanzler begrüßte mich liebenswürdig und mit großer Höflichkeit. Sein Gesicht war blaß und von Müdigkeit gezeichnet. Hitler führte mich sofort an eines der Seitenfenster des Hauptzimmers und genoß dabei sichtlich mein Erstaunen und meine Bewunderung, die ich bei dem herrlichen Rundblick nicht verbergen konnte.

Bei gegenseitigen Komplimenten bedauerte er meine bevorstehende Abreise sehr. Auf seine Anordnung hin wurde in einem Nebenzimmer Tee angeboten, zu dem auch Ribbentrop zugegen war. Andere hielten sich im Speisesaal auf. Die Diener mußten sich zurückziehen, die Türen wurden verschlossen und es begann eine Unterhaltung zu dritt. Ribbentrop beteiligte sich nur, um Hitlers Worte zu wiederholen oder um ihnen besonderen Nachdruck zu verleihen.

Zwei Stunden lang erlaubte mir Hitler Fragen an ihn zu stellen. Er antwortete mir freimütig, aufrichtig und ohne in Verlegenheit zu geraten. Das Kehlsteinhaus lag nun im Schatten der Berge; ich verabschiedete mich. Der Führer drückte den Wunsch aus, mich bald wiederzusehen. Mehrere Male nahm er meine Hände und schüttelte sie herzlichst.

Nach der Fahrt mit dem Lift und dem Gang durch den Tunnel stieg ich in meinen Wagen.